CHEMAT

Originally published in USA under the title
Predestined: Born for Greatness

To order books in Romania and Moldova contact:
Editura Petra
email: edriturapetra@gmail.com
Comenzi: editurapetra@gmail.com

Daca nu exista alte precizari, citatele biblice sunt luate din traducerea Dumitru Cornilescu a Bibliei.

CHEMAT

Născut pentru măreție

ANDREY SHAPOVAL

Cuprins

Prefață

Drag prieten,

Înainte de a trece mai departe, să știi că nu întâmplător ai ajuns să citești această carte. Înainte de a pune laolaltă cuvintele de pe această pagină, eu m-am rugat pentru tine. I-am cerut Duhului Sfânt să schimbe definitiv modul tău de gândire și să îți descopere adevăratul scop al vieții tale. Isus Cristos Însuși să te lumineze, căci El este adevărata lumină care se coboară din cer ca să lumineze pe oricine crede în El. Am credința că, pe măsură ce citești această carte, Duhul Sfânt va începe să aducă schimbări în gândirea ta și îți va transforma viața. Rămâi alături de mine până la sfârșit, ca să poți vedea tot parcursul meu. Rugăciunea mea este ca Duhul Sfânt să devină persoana cea mai apropiată pentru tine! El să-ți deschidă ochii inimii ca să te poți vedea așa cum te vede Dumnezeu. Să înțelegi ce glorioasă moștenire ai în Domnul Isus Cristos! Eu și cu tine suntem fii și fiice ale Dumnezeului Celui Preaînalt, chemați să facem voia Tatălui pe pământ!

Te încurajez să te oprești o clipă chiar acum și să-L lași pe Dumnezeu să te poarte înapoi la momentul în care te-a conceput. Înainte de a-ți da chip și formă în pântecele mamei tale, El te-a creat în mintea Lui (Psalmul 139:16). Înainte ca plămânii tăi să se umple cu aer, înainte ca plânsul tău să-ți anunțe intrarea în această lume, ai fost proiectat de Dumnezeu

Însuşi – înainte de crearea universului. El a aşternut pe hârtie toate zilele care ţi-au fost date încă dinainte de a fi vreuna dintre ele. Nu uita: Domnul nu începe nicio lucrare în lumea vizibilă fără a o încheia mai întâi în lumea spirituală. Însăşi existenţa ta pe acest pământ este o dovadă că destinul tău este complet, drept pentru care Dumnezeu a şi îngăduit să te naşti.

Dumnezeu a stabilit un anumit timp pentru fiecare persoană pe acest pământ. El vrea să devenim bărbaţi şi femei după inima Lui, care să împlinească toate dorinţele şi intenţiile Sale în şi pentru această generaţie. Observă ceea ce este scris despre Ioan Botezătorul: a fost trimis de Dumnezeu pentru ca toţi să creadă prin el. Altfel spus, la un moment dat, Dumnezeu l-a rânduit pe Ioan să fie o mărturie a lui Cristos şi să conducă poporul la pocăinţă. Ioan şi-a împlinit misiunea încredinţată pe pământ. Acum, eu şi cu tine trebuie să ne facem, la rândul nostru, partea. Dumnezeu ne-a dat fiecăruia un anumit timp în care să-L căutăm şi să-L slujim. Fiecare gură de aer pe care o respirăm vine de la El şi doar prin El trăim, ne mişcăm şi ne avem fiinţa.

Din momentul în care m-am simţit constrâns să scriu această carte, am început să mă rog pentru tine să devii o persoană a credinţei şi să îţi împlineşti destinul de a face voia Tatălui. De ce? Pentru ca, prin tine, Împărăţia lui Dumnezeu să se poată întinde pe acest pământ. Crede-mă, cele scrise în cartea aceasta nu sunt doar informaţii, sunt lucruri compuse prin revelaţie după revelaţie de la Duhul Sfânt, care mi-a schimbat radical gândirea şi propria viaţă. Prin intermediul fiecărui capitol, te voi îndruma pe calea ascendentă pe care Dumnezeu a croit-o înaintea mea. Vei vedea totodată experienţele spirituale prin care Domnul mi-a îngăduit să trec. Eu cred că, prin cartea aceasta, Duhul lui Dumnezeu îţi va umple inima cu focul Lui şi cu o sete adâncă, nestinsă, după mai mult. La o adică, ai fost născut pentru măreţie!

Suflarea şi trupul tău sunt date de Dumnezeu şi au un scop mai măreţ decât crezi. Dumnezeu vrea să te folosească pentru a continua să scrie despre Faptele Lui pe pământ, zidindu-Și Împărăția. Străfundurile inimii mele strigă către El și mă rog să devenim – și eu, și tu – oameni de care să nu-I fie rușine, astfel încât să Se numească Dumnezeul nostru. Doar prin El vom fi capabili să ne încheiem victorioși călătoria, iar în ziua aceea glorioasă când ne vom închina înaintea Domnului Preaînalt, vom auzi cuvintele: *„Bine lucrat, servitor bun și credincios."* Dacă aceasta este și rugăciunea inimii tale, atunci îți urez bun venit într-o fascinantă călătorie alături de Duhul Sfânt înspre destinul tău.

Introducere

Simţeam atmosfera din jurul meu schimbându-se, începând să se îngroaşe. Era o experienţă similară celei în care Îl întâlnisem pentru prima oară pe Isus. Cu fiecare respiraţie, presiunea creştea. A început să-mi apese trupul şi, într-o clipită, mă aflam deasupra pământului, parcă într-o altă dimensiune.

M-am pomenit într-o clădire enormă, care îmi părea nesfârşită. Structura se întindea cât de departe vedeam cu ochii. Semăna întrucâtva cu o fabrică uriaşă şi era ticsită de maşinării şi benzi rulante. Fiecare bucată de echipament era pornită, dar, dintr-un motiv neştiut, nu erau destui muncitori; aşa se făcea că majoritatea maşinilor nu erau folosite. Cei câţiva muncitori care erau acolo încercau să îndeplinească toate sarcinile, dar, pur şi simplu, erau depăşiţi. Era o privelişte catastrofală: lipseau atât de mulţi oameni! Volumul muncii era atât de mare, iar numărul muncitorilor atât de mic. Era nevoie nu doar de câteva mii de muncitori, ci de milioane!

Observam totul de undeva de sus şi mă uitam cum alergau de la o maşină la alta, rând pe rând, dându-şi toate silinţele. Îndeplineau atât cât puteau din ceea ce era de făcut, strigând totodată după ajutor. Fabrica avea un număr de departe insuficient de angajaţi. Şi situaţia se prezenta astfel nu doar într-o secţiune a ei – ci în toată clădirea! Dacă fiecare banc de lucru ar fi avut un muncitor, procesul s-ar fi desfăşurat în mod armonios şi calitativ, fără rebuturi, munca ar fi fost îndeplinită în mod eficient şi la timp!

Benzile rulante erau pornite, maşinăriile huruiau, o cantitate enormă de muncă trebuia făcută, oamenii alergau încolo şi-ncoace strigând: „Ajutor!" Văzând toate acele nevoi, m-a luat cu ameţeală. Am strigat: *„Doamne, unde sunt toţi ceilalţi? De ce sunt atât de puţini muncitori aici? De ce nu le vine nimeni în ajutor?"* Cât de uşor ar fi dacă toţi ar fi prezenţi la locul lor de muncă!

Este interesant de observat că, în toată larma aceea, îmi auzeam foarte clar propriile gânduri: *„Doamne, pe cine cheamă ei? Cui cer ajutor? Cui?"* Ca pentru a primi răspuns la întrebarea mea, mi-am întors capul şi am văzut un coridor, de-a lungul căruia se plimba un ins extrem de obez. Acest individ era, pur şi simplu, umflat, de o mărime nefirească. El auzea strigătele de ajutor, dar le ignora. Mi-am zis: *„Cine eşti tu, oricum?"*

În momentul acela, Duhul Sfânt a început să vorbească.

CAPITOLUL 1.

Pași

Îmi aduc foarte bine aminte de o seară din luna mai a anului 2002, când am ieșit din complexul de apartamente în care locuiam, m-am oprit în pragul ușii și m-am așezat pe trepte. Acolo îmi adunam gândurile; adesea, ședeam pe trepte și îmi contemplam viața, lăsându-mi gândurile să zburde neîngrădite. Nu știam pe atunci cât de diferită avea să fie acea noapte de alte dăți în care mă afundasem în propria-mi lume.

Mă tot întrebam dacă viața nu înseamnă, oare, mai mult de-atât. *Dar ce ar putea fi acel mai mult? De ce sunt viețile noastre atât de monotone? Oare doar pentru asta se poate trăi?* Mintea îmi vâjâia, gândurile mi se așezau unele peste altele. Nu știusem că era cu putință să mă pierd în gânduri atât de adânc încât să le trăiesc la propriu – le simțeam până și în trup, fiindcă începusem să tremur.

La un moment dat, am văzut în câmpul minții mele dându-se o bătălie aprigă, un real război spiritual. Imaginile îmi apăreau și dispăreau din fața ochilor și am văzut două tabere disputându-și sufletul meu. Duhul meu era în agonie, realitatea mă împungea cu incertitudinea ei – ceea ce numeam viața mea era o încâlcitură de probleme și situații fără ieșire.

Uneori, este câte un punct de cotitură în viață când întreaga ta lume se prăbușește și, în urma lui, nimic nu mai poate fi ca înainte. Pot să spun cu certitudine că acela a fost punctul meu de cotitură – un soi de răscruce de drumuri – o grădină Ghetsimani a mea. Cum stăteam pe scările acelea, am simțit că se dădea un război crâncen pentru viitorul meu. Era un război real, cu două bătălii simultane: mă luptam cu diavolul, dar și cu Dumnezeu. Mă simțeam precum Iacov care se războia pentru binecuvântare (Geneza 32:22-32). Imagini din trecut și din prezent au început să mi se perinde prin minte. Greșeli. Regrete. Nu-mi mai dădeam seama dacă mă aștepta sau nu un viitor – sau dacă existau răspunsuri la întrebările mele. *Cine sunt? De ce mă aflu aici? Pentru ce m-am născut? Asta e tot ce înseamnă viață?* La 22 de ani, mă simțeam cu totul gol și sărăcit profund în sufletul meu. Încercam să găsesc o speranță care să arunce o rază de lumină asupra a ceea ce îmi rezerva viitorul. Nimic. Mă durea inima. Capul mi se învârtea pe măsură ce gândurile mi se învolburau aidoma unui râu ce spumega. Dădusem de fund și nu mai aveam nicio satisfacție și nicio bucurie în viață – nu îmi auzeam decât bătăile de ciocan ale inimii și totul în mine striga cu disperare către Dumnezeu: „*Doamne, ce urmează? Cum să merg înainte așa*?"

Deodată, o liniște neașteptată a pătruns în atmosferă, ca și când râul înspumat ajunsese, în sfârșit, la gura oceanului. Învălmășeala a contenit brusc și mi s-a părut că aud glasul mamei mele: „Andrey, Dumnezeu te-a adus pe lume pentru un scop special." *Oare chiar aveam un scop?* Această amintire mi-a adus o scânteie de speranță, care mi-a aprins sufletul și, agățându-mă de ea, am fugit cu gândul la anii copilăriei.

Mama mea primise odată un vis profetic, în care văzuse în spatele ei un bărbat care îi spunea cu o voce foarte fermă și audibilă: „În a șaptesprezecea zi a lunii, numărul membrilor familiei tale se va schimba. Vei da naștere unui fiu; pune-i numele Andrey." Visul s-a încheiat și ea s-a trezit tremurând toată. Experiența fusese atât de vie. *O fi fost reală ori doar un vis?* S-a întors spre tatăl meu și l-a trezit ca să-i povestească visul. Răspunsul lui i-a dat asigurarea de care avea nevoie: „Dacă visul se va adeveri și vom avea un fiu, atunci, în mod hotărât, îl vom numi Andrey."

Un început miraculos al vieții

În 1979, familia noastră locuia în Ucraina, în sătucul Korotich, nu departe de orașul Kharkiv. La vremea aceea, tehnologia medicală era limitată, neexistând posibilitatea să se determine sexul unui copil nenăscut. Conform visului, mama mea calculase că trebuia să mă nasc pe 11 octombrie. Cu o zi înainte de nașterea mea, mama a ieșit afară și a fost întâmpinată de vecina ei. „Anna," i-a zis aceasta, „am visat că ai născut un băiețel." Mama mea a zâmbit. Un simplu salut confirma ceea ce știa deja.

Și-a pregătit toate cele necesare pentru a merge la spital, cerându-i tatei să fie gata; el a dat din cap și a așteptat, cu un surâs. Câteva ore mai târziu, când mama a intrat în travaliu, părinții mei s-au dus la spital. În data de 11 octombrie la ora 7 a.m., am venit pe lume și am respirat pentru prima dată. Părinții mei s-au privit cu bucurie: nu încăpea îndoială că visul fusese profetic. Mi s-a dat numele *Andrey* și astfel au început zilele mele pe acest pământ.

Pe atunci, proaspetele mămici rămâneau în spital timp de șapte zile. Un detaliu interesant al acestei povești este că, atunci când s-au afișat listele cu externările din spital, mama mea nu se număra între cele din data de 17. Cu toate acestea, în seara aceea, femeia de serviciu a venit la ea și a întrebat-o: „Anna, de ce nu ți-ai împachetat lucrurile? Numele tău este singurul afișat pentru externare în 17!" În 17 octombrie, mama mea a intrat pe ușa casei noastre cu mine în brațe. Cuvântul rostit de Dumnezeu s-a împlinit până la ultimul detaliu, indicând faptul că Dumnezeu prevăzuse fiecare pas. El a rânduit momentul nașterii mele.

Odinioară, Dumnezeu i-a vorbit lui Zaharia spunându-i că cuvintele Lui aveau să se împlinească la vremea rânduită (Luca 1:20). Mulți ani mai târziu, într-o cu totul altă țară și situație, cuvintele Domnului s-au adeverit la timpul rânduit pentru ele, în mod specific pentru viața mea.

Fundătura

În noaptea aceea, pe treptele acelea, amintirile acestea au adus un val de viață în trupul meu slab, dar s-au risipit iute, iar mintea mea a fost, în scurt timp, nevoită să dea piept cu realitatea. Dificultatea situației mele mă apăsa. Pierdusem tot ceea ce dețineam și aveam probleme serioase, inclusiv mari datorii. Diavolul se folosise de circumstanțele mele ca să mă îndepărteze de destinul meu și să mă facă să cred că mă împotmolisem într-o fundătură. Îmi umpluse mintea cu lucruri negative și îmi ucisese toate speranțele și visele în tot acel timp. M-am simțit din nou neputincios. Duhul meu plângea în tăcerea nopții. *Dumnezeul meu, ajută-mă să descâlcesc lucrurile. Ajută-mă să înțeleg ce se întâmplă în viața mea – ajută-mă să mă ridic deasupra acestor circumstanțe!*

Trecuseră mai multe luni de când îmi dădusem viața lui Isus. Dar, ca și înainte, mă simțeam deznădăjduit încercând să-mi dau de capăt de unul singur, răsfoind amintirile precum paginile unui vechi album de fotografii. Imagini din trecut și din prezent îmi treceau pe dinaintea ochilor, fără să pot să șterg ori să opresc ceva. Diavolul a început să-mi întipărească în minte imaginea unui bătrân, simbol al stilului meu de viață din trecut, iar eu mă luptam încercând să nu-i dau voie firii mele să preia conducerea.

Era un moment decisiv – trebuia să fac o alegere. Am aruncat o privire spre scările din fața mea: treptele acelea duceau, una câte una, în sus. Imaginea avea o semnificație simbolică – Dumnezeu era capabil să mă scoată, pas cu pas, din problemele în care mă vârâsem. Am oftat adânc. *Când mi-au scăpat lucrurile de sub control?* Mi-am lăsat gândurile să mă poarte în trecut și mi-am dat seama că traiectoria mea descendentă începuse cu mult timp în urmă.

Dragoste la prima vedere

Mă obișnuisem să mă simt singur, încă de când eram un băiețel. Tatăl meu a murit pe când eram doar un copilaș. Vecinii comentau în permanență faptul că eram o familie numeroasă. Spuneau că nu avea să se aleagă nimic de noi. Diavolul s-a folosit adesea de cuvintele lor aspre, ori de câte ori treceam prin vreo luptă lăuntrică.

Familia noastră a emigrat în Statele Unite în 1995. La scurt timp după ce am sosit în noua țară, am început să-mi clădesc cariera muzicală. De la o vârstă fragedă, am avut abilitatea de a cânta la diverse instrumente și de a compune cântece. Muzica mă absorbea și am fost prins în visul american, fiindcă mi se prezentau multe oportunități. Muzica a devenit viața mea și lumea mea lăuntrică. Visam să devin un muzician profesionist și un compozitor celebru. Speram că muzica îmi va da satisfacție și scop în viață și că va umple vidul enorm din mine - dar m-am înșelat. Cu cât mă scufundam mai mult în lumea muzicii, cu atât mă simțeam mai gol și viața mea o lua la vale.

Treptat, m-am detașat de Dumnezeu și am început să dau uitării ceea ce mă învățaseră părinții. După câțiva ani, mi-am dat seama că păcatul își făcuse rădăcini adânci în sufletul meu. Mă simțeam din ce în ce mai gol. Fără Dumnezeu, mă simțeam orfan.

Aveam o mulțime de prieteni și obișnuiam să ne strângem împreună și să ne distrăm, dar de fiecare dată mă întorceam acasă cu același sentiment de singurătate și goliciune. Îmi amintesc foarte clar de o anumită petrecere. Eram într-un cerc de prieteni și am auzit soneria. M-am întors și am văzut o fată. Când a intrat, mi s-a tăiat răsuflarea. Era, de departe, cea mai frumoasă fată pe care o întâlnisem vreodată. Fascinat, nu-mi puteam lua ochii de la ea. În clipa aceea, mi-am jurat că voi face tot ce îmi stă în putere ca să obțin atenția ei. Gentilom cum eram, m-am dus la ea și m-am prezentat și, în scurt timp, ne-am pierdut în conversaţie.

O lume făcută cioburi

Prietenia noastră a crescut cu fiecare zi. Eram în stare să stăm de vorbă ceasuri în şir, pierduţi în conversaţii peste conversaţii. Mai mulţi ani au trecut ca un abur şi, într-o seară, în sfârşit, am cerut-o pe Natasha în căsătorie. Am stabilit ziua nunţii şi toate păreau a ne merge aşa cum şi trebuia. Însă, totul s-a schimbat atunci când, cu o lună înainte de nuntă, cel mai bun prieten al meu a întâlnit-o pe logodnica mea şi i-a povestit despre acea latură a vieţii mele pe care ea nu o cunoştea mai deloc. Natasha a înţeles că, în secret, eram un ipocrit.

Da, avea dreptate – eram un maestru al prefăcătoriei şi puteam lesne juca mai multe roluri. La o adică, mă simţeam ca acasă pe scenă. În curând, scena vizibilă a dat naştere unei scene lăuntrice – un teatru unde interpretam roluri, fără să mai înţeleg cine eram cu adevărat. Mi-am continuat spectacolul cu încredere, prefăcându-mă că sunt viu, în timp ce pe dinăuntru eram mort. Dar, mai devreme sau mai târziu, toate secretele au ieşit la lumină.

Şi atunci, toate s-au surpat într-un coşmar: Natasha a venit cu maşina la mine, a urcat până la uşă, şi-a scos inelul şi mi l-a aruncat în faţă. Mi-a zis: „Nu pot să-mi clădesc viaţa alături de un bărbat care mă poate minţi cu atâta uşurinţă." Apoi a făcut stânga împrejur şi a fugit înapoi la maşina ei. Eu am rămas în prag, încremenit, urmărind-o cum demara în trombă.

Inima îmi era frântă; toate speranţele, până la ultima, mi-au fost năruite. Am ajuns în punctul cel mai de jos, dar mă căzneam totuşi să mă agăţ de viaţă, cu ultima fărâmă de putere. Viaţa mea o luase la vale deja de mai mulţi ani, iar diavolul izbutise să mă seducă, să îmi răpească totul şi să dea foc vieţii mele până în temelii. Nu îmi mai rămăsese nimic! Poliţia mi-a luat maşina şi m-am pomenit înglodat în datorii, incapabil să-mi plătesc măcar chiria. Grupul muzical s-a dezbinat şi, odată cu el, mi-a dispărut şi dorinţa de a compune muzică. Am început să beau frecvent alcool, în speranţa că aşa îmi puteam amorţi fricile şi durerea.

Natasha era lumina şi nădejdea mea, dar venise ziua în care Dumnezeu mi-o luase şi pe ea. Odată cu pierderea ei, nu îmi mai rămăsese nimic. Toate speranţele şi visele mi se năruiseră. Eram frânt şi incapabil să mai am încredere în oameni. Cuvintele Natashei îmi răsunau mereu în minte – în asemenea măsură încât eram sfâșiat de o suferință mentală chinuitoare.

Noaptea aceea mi-a fost sfârşitul; nu o voi putea uita vreodată. Conduceam prin oraş într-o stare de beţie, neştiind cum să-mi amorţesc durerea sau să-mi vin în fire. Nu înţelegeam ce se întâmpla cu mine. Ajuns acasă, am adormit, plin de ruşine şi suferinţă.

Lazăr

În ziua următoare, 1 aprilie 2002, era Paştele. De cum am deschis ochii, am simţit un imbold straniu de a mă duce la biserică. Era un sentiment pe care încercam să-l justific, convingându-mă că era nevoie să-mi ajut prietenii din lucrarea de închinare. *Și-n plus, toată lumea merge la biserică de Paști*, mi-am spus. În scurt timp, mintea mea a început să se concentreze asupra muzicii. Nu îmi dădeam seama că Dumnezeu Însuşi mă atrăgea, prin Duhul Sfânt, la acea adunare. El mă aştepta cu răbdare acolo!

La sosire, prietenii mei m-au informat că predica de Paşti urma să fie ţinută de un evanghelist itinerant din Africa. După ce am cântat în echipa de laudă şi închinare, am părăsit scena și m-am așezat pe marginea băncii, ghemuit într-un colţ. Gândurile m-au purtat înapoi la noaptea precedentă, mintea mea reproducând tot haosul care devenise viaţa mea. În același timp, auzeam predica evanghelistului din Africa. Vorbea despre Lazăr, care murise şi zăcuse patru zile într-un sicriu. Când Isus a venit să-l învieze, surorile L-au pus în gardă să nu deschidă mormântul unde zăcea mortul, pentru că trupul acestuia începuse să miroasă urât (Ioan 11:38).

Când am auzit acea parte a poveştii, am început să mă neliniştesc. Deodată, Duhul Sfânt mi-a arătat simbolismul: eu eram Lazăr! Păcatul mă înfăşurase în giulgiul lui şi eram mort de-a binelea, intrat în putrefacţie!

Evanghelistul a continuat să vorbească despre Isus, care i-a amuţit pe toţi când l-a chemat pe Lazăr afară din mormânt. Totul în mine vibra, ca şi când piatra de la gura inimii mele fusese dată la o parte şi zărisem o cale de ieşire şi un licăr de lumină. *„Doamne,"* am şoptit, *„dacă poţi, te rog, scoală-mă şi pe mine din morţi!"* Atunci şi acolo, am auzit glasul Lui, spunându-mi că acelaşi Duh care L-a înviat pe Hristos din morţi se coborâse acum asupra mea şi mă chema afară din mormânt! Duhul Sfânt mi-a vorbit direct: *„Andrey, ieşi afară din viaţa ta păcătoasă!"* În ziua aceea de Paşti, când toată lumea sărbătoreşte învierea lui Isus Hristos, Isus m-a înviat şi pe mine! Eu sunt o mărturie în carne şi oase a faptului că, prin Duhul Sfânt, Dumnezeu are aceeaşi putere a învierii, capabilă să aducă morţii înapoi la viaţă, precum odinioară.

Am plâns în timp ce evanghelistul chema oamenii să vină în faţă şi să-L primească pe Isus. Mai fusesem la altar şi mă pocăisem de mai multe ori, dar nu fusese ceva de durată pentru că mă tot întorceam la căile mele păcătoase. În ciuda acestui fapt, angajamentul pe care mi l-am luat în ziua aceea a fost special şi eram încrezător că totul avea să fie altfel. Cu şiroaie de lacrimi pe obraz, am alergat în faţă, am căzut în genunchi şi mi-am predat viaţa cu totul Dumnezeului Atotputernic. Nu m-am uitat în jurul meu – toată concentrarea mea era asupra lui Dumnezeu. Toată fiinţa mea striga către Isus, cu o căinţă reală şi adâncă.

Acolo, la altar, am început să experimentez dragostea Tatălui meu ceresc şi L-am simţit pe Duhul Sfânt slujindu-mă şi legându-mi rănile. Nu-mi aduc aminte cât timp am stat în genunchi acolo şi nici nu mi-a păsat. Când mi-am ridicat faţa, m-am uitat în sus şi I-am spus Domnului singura mea cerere: *„Doamne, timp de douăzeci şi doi de ani doar am auzit* *despre Tine, dar nu Te-am cunoscut personal. De azi înainte, voi face tot ce îmi stă în putere ca să aflu cine ești cu adevărat!"* A fost decizia și alegerea mea. Nu știam pe atunci că aceste cuvinte, precum un vis născut în inima mea, aveau să mă conducă într-o călătorie profundă și minunată alături de Duhul Sfânt; și, pas cu pas, Dumnezeu a început să mă ridice pe înălțimi pe care nu le-aș fi atins prin propriile puteri.

Înțelegeți, vă rog, că am crescut într-o familie creștină, dar credința cea vie nu se moștenește! Atât tatăl meu, cât și mama mea L-au iubit pe Dumnezeu din toată inima. Până azi, mama mea Îl slujește cu inima neîmpărțită pe Domnul. Și totuși, eu a trebuit să iau propria decizie și să fac propria alegere. Eu cred cu adevărat că fiecare persoană trebuie să aibă propria întâlnire cu Dumnezeu.

O decizie crucială

După rugăciunea de pocăință, trecuseră două luni, dar circumstanțele mele nu se schimbaseră. De fapt, părea că nu se întâmplase nimic. Locuiam în continuare în aceeași casă cu vechii mei colegi, ceea ce îmi amintea în permanență de trecutul meu. Tinerii continuau să se strângă acasă la noi, ducând o viață care mie îmi era deja străină.

În fiecare zi, trebuia să iau decizia de a-I fi credincios lui Dumnezeu și să-I cer să-mi dea puterea de a nu mă întoarce la viața mea trecută. Aveam nevoie de liniște ca să-L caut pe Dumnezeu. În scurt timp, am început să evadez în parcurile locale ca să fiu singur cu Dumnezeu și să petrec timp în rugăciune, dar aceea era doar o soluție temporară la problema mea. Timpul se scurgea cu repeziciune și eram absorbit de citirea Bibliei. Știam, însă, că ceva trebuia schimbat, pentru că nu puteam să fug constant de acasă ca să petrec timp cu Dumnezeu. Trebuia să îmi confrunt colegii de apartament.

Într-o zi, am decis să nu plec altundeva, ci să mă rog în casa mea, astfel încât prietenii mei să aibă de făcut o alegere: ori rămâneau și Îl acceptau pe

Isus, ori plecau. Așadar, când am ajuns acasă, am închis ușa camerei mele și am început să mă rog. Am strigat către Dumnezeu. Cu cât rugăciunea mea devenea mai puternică şi mai zgomotoasă, unul câte unul, toţi au fugit afară din casă! S-au gândit că o luasem razna. Nu-mi păsa, cel puţin asta mă ajuta să-mi eliberez locuinţa. Am primit cu braţele deschise acest nou sezon al vieţii mele, în care Îl puteam căuta pe Dumnezeu în libertate, crescând în El.

Şedeam singur din nou şi mă uitam la treptele din faţa mea, continuându-mi rugăciunile înaintea lui Dumnezeu. *Cine sunt eu, Doamne, și de ce mă aflu aici? Ce cale ai pregătit pentru mine?* Întrebările și gândurile veneau și plecau, iar călătoria mea cu Dumnezeu continua.

CAPITOLUL 2.

Supranatural

Noaptea înainta și eu tot pe trepte; aceeași luptă se dădea în lăuntrul meu. Uitându-mă la ceas, am avut revelația că timpul nu stătuse în loc. Brusc, fiecare secundă a început să conteze, atrăgând eternitatea. Deodată, am auzit o voce în mintea mea: *„Andrey, timpul merge înainte! Nu lăsa trecutul să te țină în loc de la viitorul tău! Secretul stă în mentalitatea ta. Modul tău de a gândi va hotărî cine vei deveni."*

Nu puteam înțelege pe deplin sensul acelor cuvinte. Deodată, mi-a venit în gând un verset din Biblie: „Căci Eu știu gândurile pe care le am cu privire la voi, zice Domnul, gânduri de pace și nu de nenorocire, ca să vă dau un viitor și o nădejde" (Ieremia 29:11). Această promisiune, un răspuns mult așteptat, mi-a străpuns adânc sufletul, iar inima a început să-mi bată mai tare. Am început să văd adâncimea și măreția lui Dumnezeu, singurul care a creat cerurile și pământul și toate lucrurile văzute și nevăzute. El este plinătatea care cuprinde totul și este în toate; El este nesfârșita întindere a înțelepciunii și a revelației. Mintea Lui este de neînțeles. El nu are sfârșit și nu are început. El este Dumnezeu. El este EU SUNT (Exodul 3:14).

Incapabil să procesez toată măreția Lui, m-am ridicat brusc și m-am întors în casă. Am închis ușa și m-am prăbușit pe genunchi în camera mea. Duhul meu striga către Domnul. Nu mă rugam doar, ci strigam către cer: „Doamne, nu mai pot trăi așa! Sunt atât de flămând după Tine! Arată-mi cine ești Tu pentru mine!" Lacrimile mi se rostogoleau pe obraji; voiam, cu adevărat, să-L cunosc. L-am implorat pe Dumnezeu să-mi dea o credință de neclintit. Am insistat ca El să mi se arate – mie, unui simplu muritor care căuta inima Lui.

Prima experiență supranaturală

În jurul orei două dimineața, m-am ridicat de la podea și m-am întins în pat. Nu voiam să dorm, doar stăteam întins în întuneric, uitându-mă la tavan și continuând să mă rog în duhul meu. La un moment dat, atmosfera din încăpere a început să se schimbe. Am simțit aerul din jurul meu îngroșându-se și începând să-mi comprime trupul; apoi, am început să tremur violent din toate încheieturile. Eram speriat și cu totul conștient; nu era un vis! Mintea mea voia cu disperare să înțeleagă ce anume se petrecea – *oare înnebunesc?*

Deodată, un glas blând a pus capăt vârtejului meu de emoții: „Ți-ai dedicat viața lui Dumnezeu, așa că nu te teme." I-am răspuns: „Doamne, dacă ești Tu, atunci orice vrei să faci cu mine, doar fă-o!" De cum am rostit aceste cuvinte, trupul meu a fost prins în ceva ce semăna a tornadă și am zburat în sus! (Nici până în ziua de azi, nu știu sigur dacă a fost o experiență extracorporală ori interioară.) Următorul lucru pe care mi-l amintesc este că îmi țineam ochii închiși strâns și mă simțeam extrem de încordat, având senzația că zburam undeva departe.

M-am oprit deodată și am simțit că am intrat într-un fel de atmosferă. Cineva m-a luat imediat de mână și un val de senzații unice și vibrante mi-a străbătut corpul. Frica mi-a dispărut instantaneu și am fost copleșit de o pace incredibilă. Sentimentul de căldură, dragoste și extraordinară bunătate mi-a umplut întreaga ființă, ca și când plonjasem într-o Împărăție a păcii și luminii, unde fiecare celulă vie cântă și se veselește. Toată această întâmplare a fost unică și imposibil de descris în cuvinte; ea nu poate fi decât trăită.

Cum nu-mi mai puteam ține ochii închiși, i-am deschis. Mă întrebam cine mă ţinea de mână atât de strâns. Ridicându-mi privirea, L-am văzut pe Isus în faţa mea. Faţa Lui reflecta tot ceea ce ştiam şi experimentam deopotrivă la nivel fizic şi emoţional. M-a tras cu blândeţe spre El şi am început să ne plimbăm. Mă conducea aşa cum un tată îşi conduce fiul. Apoi, m-a aşezat pe genunchii Lui şi a început să se joace cu mine. Abia mai târziu am înţeles importanţa acelui moment. Acţiunile lui arătau cine este El. Eu niciodată nu avusesem parte de o astfel de dragoste; nu înţelegeam cum arată dragostea de tată.

Devenind orfan

Pe când aveam cinci ani, părinţii mei au luat decizia de a se muta într-un alt oraş. Cândva în luna august, s-au dus amândoi cu motocicleta într-un oraş numit Slavyansk în căutarea unei noi case pentru noi. Ne-am luat rămas-bun cu o fluturare de mână; nu aveam de unde şti că aceea era ultima dată când ne vedeam tatăl. După ce părinţii mei s-au pierdut în zare, am ieşit afară la joacă. Din întâmplare, am lovit fereastra cu o piatră şi geamul s-a făcut ţăndări. Ştiam că urma să dau de necaz la întoarcerea părinţilor.

Trecuseră mai multe zile, dar ei nu se întorceau. În scurt timp, am primit o telegramă urgentă: părinţii noştri avuseseră un accident şi niciunul nu scăpase cu viaţă. Ne-a cuprins panica. Cum era posibil ca mama şi tata să fie morţi? Cum putea fi adevărat? Eram şapte copii în familie: patru fete şi trei băieţi. Eu eram al cincilea şi urma să împlinesc şase ani. Boceam, plini de frică, fără să putem da crezare acelor veşti. Trupuşorul meu era zdruncinat. Îmi amintesc că m-am rugat cu lacrimile şiroaie pe obraji: „*Doamne! Adu-l înapoi pe tata! Să vină el şi să fiu pedepsit eu pentru geamul spart! Nu-l lua pentru totdeauna! Te rog, să vină acasă!*" Ştiam că tata era uneori cam strict, dar ne iubea foarte mult. Voiam să-l văd, chiar dacă simţeam că nu aveam să-l mai văd vreodată.

Aceea a fost cea mai lungă noapte din viaţa mea. Nu doar ne-am rugat, ci am strigat toată noaptea spre cer – cerşind un miracol de la Dumnezeu! Când a venit dimineaţa, am primit un alt mesaj, care ne informa că mama noastră supravieţuise, dar fusese dusă la terapie intensivă şi era în stare critică. Căzuse de pe motocicletă în timpul accidentului şi suferise răni multiple şi o contuzie; viaţa ei atârna de un fir de aţă. Iniţial, doctorii o declaraseră moartă şi o acoperiseră cu un cearşaf alb, dar Dumnezeu o readusese la viaţă în mod supranatural. Mama mea a avut o a doua şansă la viaţă, pe care să o folosească pentru a avea cea mai mare influenţă asupra destinului nostru!

La sfârşitul funeraliilor, am rămas fără tată. Anii au trecut şi nu am cunoscut niciodată pe deplin dragostea de tată. Nu a fost cine să mi-o arate. Nu ştiam ce înseamnă o relaţie tată-fiu. În viaţă, am avut multe momente, circumstanţe şi perioade în care am fost singur; nu am avut un tată care să mă îndrume. Încă îmi aduc aminte cum îi urmăream pe alţi taţi jucându-se cu fiii lor, interacţionând şi ajutându-i. Fiecare dintre ei era precum o stâncă pe care copiii puteau să se sprijine în viaţă. Toţi băieţii din cartierul meu aveau taţi şi nu eram câtuşi de puţin gelos, doar găseam alinare când vedeam ce relaţii frumoase aveau prietenii mei cu taţii lor. Mă bucuram pentru ei, chiar dacă înţelegeam că eu nu voi avea niciodată parte de aşa ceva în viaţă. Acceptam faptul că eu nu voi avea niciodată un tată.

Dragostea de tată

În timpul întâlnirii mele cu Isus, a început să-mi arate ce înseamnă dragostea de tată. M-a aşezat în poala Lui, a început să se joace cu mine, aşa cum doar un tată s-ar putea juca cu fiul lui preaiubit. Nu înţelegeam de ce, dar El ştia viitorul meu. Ştia toate intenţiile pe care le avea pentru viaţa mea. Domnul a văzut destinul meu pentru mulţi ani de atunci încolo şi a ştiut că, la un moment dat, urma să fiu trimis la alte naţiuni şi în alte ţări. Dar, ca să îi pot sluji pe acei oameni, aveam nevoie să trăiesc pe pielea mea experienţa dragostei Tatălui. Aşadar, mă slujea aşa cum un tată îşi slujeşte propriul copil. Isus îmi făcea parte de dragostea Tatălui. Această dragoste mi-a pătruns adânc în suflet, lăsând o urmă permanentă – o amprentă pe inima mea. Cea mai mare putere din lume este puterea dragostei Lui. Ea îmi permite să trăiesc în fiecare zi în mod radical pentru Dumnezeu. Dragostea pe care Dumnezeu o are pentru fiecare persoană este unică.

Tatăl meu ceresc ştia că va veni un timp când mi se vor deschide uşi către toate naţiunile şi voi păşi în chemarea dată, înţelegându-mi adevărata identitate şi adevăratul scop. El mi-a stabilit destinul înainte ca această lume să fi fost creată. Dumnezeu ştia că voi avea nevoie de o cantitate enormă din dragostea Lui ca să pot duce mesajul Împărăţiei pe fiecare continent şi în fiecare ţară – împlinind voia Lui. Cu adevărat, nu putem face nimic fără dragostea Lui; oricât de talentaţi şi de dăruiţi am fi, singura cale spre a sluji cu adevărat oamenii este dragostea sinceră. Dragostea Lui este cea mai mare putere! Eu cred că în viaţa de creştin toate ar trebui făcute prin dragostea Domnului nostru Isus Hristos. Toate se bazează pe dragoste – pe această bază, eu fac toate lucrurile. Îmi plac focul lui Dumnezeu şi puterea Lui, dar dragostea Lui este cu mult mai măreaţă decât orice altceva am experimentat vreodată în viaţă.

Suflarea lui Dumnezeu

În timp ce şedeam pe genunchii Lui, la un moment dat m-am întors şi I-am cuprins chipul cu mâinile, iar El a început să sufle în mine. A început să sufle cu suflarea Lui în plămânii mei, iar focul Duhului Sfânt mi-a trecut prin tot corpul – plin de viaţă şi de ungere. Eu tremuram. Asta a luat ceva timp, deşi nu pot spune cu precizie cât, pentru că, în locul acela, timpul se simţea cu totul altfel. Am auzit cuvintele lui Isus când mi-a vorbit: „*Va veni timpul când te voi trimite pe toată faţa pământului şi vei merge la Biserica mea cu ungerea pe care ţi-am dat-o. Suflarea mea este în interiorul tău şi o vei sufla în poporul Meu.*" Isus mi-a explicat mai departe că, în zilele din urmă, El Își va întări poporul. Mireasa Lui va fi glorioasă, plină de ungere, arzând cu focul lui Dumnezeu, înflăcărată să-și împlinească scopul pe pământ ca *ecclesia*. Biserica zilelor din urmă va pregăti calea pentru cea de-a doua venire a lui Isus Cristos și va atinge o stare în care va striga încrezătoare: „Vino, Doamne!"

În timp ce mă uitam la Isus și Îl ascultam, eram copleșit de fascinație. În timpul acestei întâlniri, nu am cerut nimic de la El, nici măcar înțelepciune. Aveam în minte o singură întrebare pe care voiam să I-o pun, legată de faptul că fosta mea logodnică spusese că nu vom mai fi niciodată împreună. Cuvintele mi-au ieșit din gură cu o voință proprie: *„Isuse, dă-mi-o înapoi pe Natasha."* Cererea mea I-a stârnit râsul. A dat din cap, încuviințând, și mi-a zis: „Va veni și timpul acela, o voi face, iar tu Îmi vei da slavă. Deja am pus-o deoparte pentru tine și va fi a ta. Am îngăduit ca toate să se dărâme pentru a putea ajunge la inima ta. Nu te teme, chiar dacă cineva va vrea să se însoare cu ea, nu va reuși. Eu voi face toate aranjamentele, iar tu vei vedea slava Mea!" O, cât m-am bucurat să aud asta!

După aceste cuvinte, Isus m-a luat de mâini și m-a aruncat în aer. Am închis ochii, iar când i-am deschis eram din nou în camera mea. Ceasul arăta ora patru dimineața. După toate prin câte trecusem, nu mai puteam dormi.

Schimbat!

În ziua următoare, nu am putut să tac! Eram atât de plin de bucurie încât nu conta unde eram, la magazin, la sala de sport, la stația de alimentare cu combustibil, predicam peste tot, le povesteam tuturor celor care îmi ieșeau în cale despre cum mă întâlnisem eu cu Isus. Fiecare persoană și fiecare creatură care mi-a tăiat calea în ziua aceea a auzit mărturia mea. Le-am spus tuturor că Isus este viu, că eu Îl întâlnisem! El este mai mult decât aerul pe care îl respirăm! Am împărtășit dragostea lui Dumnezeu cu toată lumea care mă asculta. Le-am spus că, dacă Îl acceptau pe Isus, puteau să simtă și ei dragostea Lui. Că dacă ar fi putut doar să trăiască experiența dragostei Lui, viețile lor ar fi fost definitiv schimbate!

Dumnezeu este atât de real; dragostea Lui este atât de puternică! El nu este religie sau ficțiune. Biblia nu este doar o poveste. Isus este viu, prezența Lui este mult mai tangibilă decât vizibilul. Într-o clipă, Dumnezeu mi-a devenit Tată, iar eu am devenit fiul Lui. Dragostea Lui este pentru totdeauna în inima mea. Când Îl experimentezi pe El ca tată, vrei să te întorci mereu la El. Eu Îi tot spuneam: *„Doamne, vreau să mă întorc în prezența Ta."* Iar El îmi răspundea: *„Caută fața Mea în fiecare zi și vei intra în prezența Mea."* Dumnezeu a devenit mai real pentru mine decât viața însăși. În primele câteva săptămâni, am putut adulmeca aroma cerului prin rugăciune și închinare atunci când Isus venea; nu voi uita niciodată acea mireasmă, ea a rămas în sufletul meu. El este Tatăl meu iubitor și sursa vieții mele, la care alerg, oricare mi-ar fi circumstanțele. Doar El mă poate înțelege și accepta; niciun tată pământesc nu m-ar putea binecuvânta așa cum o face Tatăl meu ceresc. Întâlnirea mea cu El mi s-a întipărit pentru totdeauna în inimă.

Aceasta nu este doar o descriere a experiențelor mele de dragul de a depăna povești. Nu, eu cred că parcursul meu te va ajuta să vezi cât de important este să-L căutăm pe Dumnezeu. Eu niciodată nu am căutat ceva care să aibă de-a face cu supranaturalul! Înainte de acel punct, nici nu îl experimentasem vreodată. Eu Îl căutăm doar pe Dumnezeu, știind că El îmi ținea viitorul în mâini. Știam că El deja pregătise toate pentru viața mea și că nu aveam nevoie decât de El – singura mea dorință era să știu cine este Dumnezeu! Nu știam că asta avea să mă smulgă dintr-o groapă adâncă și să-mi aducă binecuvântare în fiecare aspect al vieții. Eu doar căutam zi de zi fața Lui, dedicându-mi în permanență viața lui Dumnezeu.

Domnul vrea să facă mult mai mult decât crezi în viața ta! El te-a creat și te cunoaște la perfecție. Dumnezeu nu a greșit atunci când a hotărât data și locul exact al nașterii tale. El a înregistrat aceste informații în calendarul spiritual, hotărându-ți destinul cu mult înainte ca tu să inspiri prima gură de aer. El are toate zilele tale scrise. Planul Lui pentru tine este un proiect original – și este bun, plăcut și perfect!

Dacă intri sau nu în destinul tău divin depinde doar de tine. Eu vreau să te ajut să găsești drumul către destinul tău și mă rog ca, prin povestea mărturiei și umblării mele cu Dumnezeu din această carte, Duhul Sfânt să te lumineze, să-ți aprindă un foc în inimă și să te călăuzească spre o cunoaștere tot mai profundă a lui Dumnezeu și spre împlinirea voii Sale.

CAPITOLUL 3.
Confruntare

Împlinirea chemării lui Dumnezeu pentru viața ta este o fascinantă călătorie alături de Duhul Sfânt. După întâlnirea mea cu Isus, lumea spirituală a devenit instantaneu mult mai reală pentru mine decât cea fizică. Într-o clipă, mintea mea a fost capturată de măreția Lui. Gloria Lui mă încuraja să-L caut mai mult, pentru că ceea ce știam despre El nu mai era de ajuns; tânjeam după mai mult! Am ajuns să înțeleg că tărâmul Duhului Sfânt nu avea granițe – nu are început și nici sfârșit. Dumnezeu este atât de măreț încât însuși cuvântul *măreț* limitează neîngrădirea Lui. Mintea umană nu poate cuprinde măreția lui Dumnezeu, pentru că nu există limită la plinătatea naturii Sale. Dumnezeu locuiește în dimensiuni ale eternității care nu pot fi măsurate, iar însăși veșnicia este în El. El este plinătatea care umple toate lucrurile. El este deopotrivă începutul și sfârșitul. Nu a fost născut niciodată și nici nu va muri vreodată. Și-n plus, este lumina în care nu este urmă de întuneric. Tot ce voiam era mai mult din El.

Momentul confruntării

Într-o zi, m-am decis să o vizitez pe Natasha și să-i povestesc despre întâlnirea mea cu Isus. În mintea mea, repetam promisiunea pe care Isus mi-o făcuse. Îmi zisese că o pusese pe Natasha deoparte pentru mine, iar aceste cuvinte îmi dădeau tăria de a-mi învinge frica și de a veni la ea. Plănuiam să-i spun că Domnul mă schimbase complet și că nu aveam de gând să mă mai întorc vreodată la vechea mea viață. Eram sigur că ea va înțelege, mă va ierta și va relua pregătirile pentru nuntă.

Am fost la locul de muncă al Natashei și am cerut la recepție să o sune. Am stat acolo, înalt și prezentabil, cu un buchet frumos de flori în mâini și am așteptat răbdător să apară. Minutele păreau o eternitate până când, în sfârșit, a venit la mine. De cum am văzut-o, cuvintele au început să mi se reverse afară. Am început să-i povestesc că Îl întâlnisem pe Isus, că Dumnezeu îmi îngăduise să experimentez dragostea Lui și că I-am cerut să mă ierte! I-am spus că mă schimbasem și că acum Dumnezeu avea un scop pentru viața mea și voia să mă ducă la națiuni.

Cu toate acestea, ceea ce a urmat m-a izbit în moalele capului. Natasha m-a privit drept în ochi și mi-a zis: „Andrey, ți-am spus deja că nu vom fi niciodată împreună!" Apoi, s-a răsucit pe călcâie și s-a întors la treaba ei. Cuvintele ei mi-au străpuns inima. Toată lumea mea se prăbușise, pământul îmi fugea de sub picioare.

Copleșit de o incredibilă presiune spirituală, m-am îndreptat spre mașină. Nu aveam nicio idee cum să procedez. Tot iadul părea a fi împotriva mea. Îl și auzeam pe diavolul râzând de mine și strigându-mi: „Unde este Dumnezeul tău? Isus te-a păcălit! Nu S-a ținut de cuvânt!" Eram pe punctul de a fi înfrânt. Am lăsat buchetul pe scaun; atmosfera din mașină devenea aproape sufocantă.

Crede adevărul, nu faptele

Vreau să înțelegi ceva. Când toate circumstanțele vieții par a fi împotriva ta și nu vezi ceea ce ai așteptat sau ai crezut; când pare că însuși pământul îți fuge de sub tălpi, ai nevoie să te agăți strâns de un lucru: Cuvântul rostit de Dumnezeu. Acesta este stânca ta solidă, temelia ta puternică. Căci este scris: „*Omul nu va trăi numai cu pâine, ci cu orice cuvânt ieșit din gura lui Dumnezeu*" (Matei 4:4).

Trebuie să ne aducem mereu aminte de acest unic adevăr important: diavolul este tatăl minciunilor. Sensul originar al cuvântului *tată* se referă la „sursă". Dumnezeu este *sursa* vieții. Diavolul este *sursa* minciunilor; aceasta este însăși natura și esența lui. Toate minciunile, falsitățile și înșelăciunea pornesc de la diavol. În plus, aceasta este cea mai puternică armă a lui, pe care o folosește în permanență împotriva oamenilor. Satan încearcă, pe orice cale posibilă, să ascundă adevărul și să împiedice oamenii să primească lumină. Încearcă să ne limiteze vederea doar la ceea ce ochii noștri fizici pot percepe.

Pentru a crede adevărul lui Dumnezeu, trebuie să vezi dincolo de ceea ce este fizic. Adevărul Lui se vede doar cu ochii spirituali și se descoperă prin revelație și iluminare de sus. Când încerci să discerni adevărul, izbucnește o bătălie între două lumi; se iscă o rivalitate între două împărății. Diavolul aduce gânduri negative și face tot ce îi stă în putere ca să convingă oamenii că circumstanțele vizibile în care se află sunt singura realitate. Cu toate acestea, este o mare diferență între ceea ce vezi cu ochii tăi și adevăr. Faptele sunt realitatea fizică și circumstanțială, adică un punct de vedere vizibil. Adevărul este realitatea lumii lui Dumnezeu – este punctul Lui de vedere asupra situației. Există doar un adevăr, care vine în mod exclusiv prin iluminarea de sus.

Diavolul încearcă să ne mențină vederea limitată la lumea văzută. De pildă, cineva poate simți că are o tumoare în corp. După examinare, doctorul confirmă prezența unei excrescențe; astfel, el verbalizează faptele. Satan depune toate eforturile pentru ca acea persoană să accepte faptele ca fiind adevărul absolut, astfel încât să dea naștere la sentimente și gânduri greșite. El te va manipula să crezi că situația ta este reală și improbabil să se schimbe. Atunci când îți lași gândurile să apuce în direcția asta, vor lupta împotriva ta. Aceasta este o tactică mincinoasă a inamicului! Faptul este că există o tumoare în corpul tău, dar adevărul este că, acum două mii de ani, Isus a luat asupra Lui toate infirmitățile și bolile noastre. Trupul Lui a primit lovitură după lovitură, pentru ca, prin rănile Lui, să putem fi vindecați.

În viață, avem nevoie să auzim faptele, dar să învățăm să urmăm adevărul! Avem mult mai multă nevoie de adevărul lui Dumnezeu. Cunoscând adevărul, primim eliberare și viața ne este transformată. Atunci când mi-a spus că nu voia să-și clădească viața alături de mine, Natasha a văzut realitatea și a dat glas faptelor. Dar ea nu a văzut adevărul că Dumnezeu avea planuri pentru viața ei și un plan pentru noi doi împreună.

Urmând planul LUI

În drum spre casă, Satan a continuat să mă sâcâie: „Isus nu poate schimba nimic, Dumnezeu nu S-a ținut de cuvânt." Mă simțeam atât de învins! Însă, într-o clipă, am văzut din nou imaginea întâlnirii mele cu Hristos și am auzit vocea Duhului Sfânt spunându-mi: *„Nu te teme! Ea va fi soția ta, așa cum ți-am promis."* M-am agățat de cuvintele acelea ca și când viața mea atârna de ele. În ciuda tuturor circumstanțelor vizibile, în ciuda răspunsului Natashei, dincolo de emoțiile și sentimentele mele, am luat decizia de a crede cuvintele lui Isus. Și chiar acolo, în mașină, am început să alung fiecare gând negativ și fiecare minciună a inamicului. Glasul lui Dumnezeu din lăuntrul meu mi-a dat speranță. Biblia spune că omul nu va trăi doar cu pâine, ci cu orice cuvânt al lui Dumnezeu (Luca 4:4).

Când am ajuns acasă, am deschis imediat Biblia și am început să citesc. Scripturile au prins viață înaintea ochilor mei în timp ce am răsfoit paginile. Pavel scrie că Cel ce trăiește în noi este capabil să facă cu mult mai mult decât cerem sau gândim noi (Efeseni 3:20). Atunci, am început să-I mulțumesc lui Dumnezeu și să mă rog pentru călăuzirea Lui în viața mea în ceea ce privea următoarea mișcare. L-am auzit pe Duhul Sfânt spunând că credința fără fapte este moartă (Iacov 2:17). Deodată, mi-a venit o idee foarte clară: să-i trimit flori, în fiecare zi, logodnicei mele. Nu îndrăzneam să o accept și i-am opus rezistență. Nu aveam bani și îmi pierdusem slujba, așa că fiecare dolar pe care îl aveam conta. Mă aflam în împrejurări foarte dificile. Dar, în ciuda acestora, am decis să cumpăr flori în fiecare zi și să i le trimit Natashei. La o adică, dacă acest cuvânt era de la Dumnezeu, atunci ascultam de glasul Lui și El avea să mă ajute cu finanțele. Și așa au început livrările zilnice de flori.

În mod surprinzător, când am luat decizia asta, ușile au început să se deschidă: rudele și prietenii m-au binecuvântat cu finanțe, prietenii mă sunau și îmi ofereau slujbe cu jumătate de normă. Nimeni nu știa de decizia mea de a cumpără buchete scumpe de flori pentru Natasha, în fiecare zi. În fiecare noapte, petreceam timp în rugăciune cu Dumnezeu și apoi conduceam până la magazin ca să cumpăr flori, devenind client fidel. La ora 3:00 dimineața, mă trezeam ca să mă rog din nou și să livrez buchetul de flori la ușa logodnicei mele. Treaba asta a ținut o lună. Spre uimirea mea, în fiecare zi, Dumnezeu îmi procura suma de bani necesară ca să cumpăr cel mai frumos buchet de flori.

O lună mai târziu, mă aflam la o conferință la biserică. Acolo, am avut oportunitatea să slujesc interpretând un cântec despre sângele lui Isus. În timp ce cântam, Natasha a intrat în biserică. Nu ar fi trebuit să fie acolo, pentru că era așteptată în altă parte, la un eveniment de familie, dar, dintr-un motiv neștiut, a trebuit să treacă pe acolo și a intrat în chiar clipa când eu cântam. Eu cred că Duhul Sfânt a atins-o atunci, pentru că s-a oprit și a început să mă urmărească cu interes. A ascultat cu mare atenție fiecare cuvânt.

În seara aceea, după atât de mult timp petrecut despărțiți, am putut, în sfârșit, să stăm de vorbă normal și să ne auzim unul pe altul. Dumnezeu S-a dovedit, din nou, a fi credincios. Cuvintele Lui erau adevărate! Derulând înainte o lună, pe 27 iulie 2002, alături de mulți oaspeți, multe flori și muzică, pastorul ne-a oficiat nunta. În sfârșit, puteam să o numesc pe Natasha soția și dragostea vieții mele!

CAPITOLUL 4.
Restaurare

După ce ne-am căsătorit, eu și Natasha am decis să ne dedicăm familia și viețile slujirii lui Dumnezeu. Nu știam cum avea să arate viața noastră, dar aveam încredere în Dumnezeu, iar dorința noastră cea mai mare era să căutăm, zi de zi, prezența Lui. Doream ca El să conducă familia noastră în voia Lui și să ne ajute să mergem în direcția chemării noastre.

În timpul întâlnirii mele cu Isus, nu I-am cerut putere, bani sau înțelepciune, deși, mai târziu, Dumnezeu a început să mă binecuvânteze cu toate aceste lucruri, chiar mai mult decât mi-aș fi putut închipui. Singura mea cerere fusese să mi-o înapoieze pe Natasha. Cred că I-am cerut lucrul cel mai de preț, pentru că Natasha avea legătură cu chemarea mea și cu dorința lui Dumnezeu pentru mine. Împreună, ne străduiam să ne împlinim destinul și să facem voia lui Dumnezeu.

De-a lungul timpului petrecut în lucrare, am întâlnit tot soiul de oameni. Mulți bărbați m-au abordat și și-au deschis inimile față de mine, împărtășindu-mi situațiile prin care treceau. Cu adâncă durere, cei însurați mi-au povestit că nu puteau să-și împlinească chemarea și nu izbuteau să facă ceea ce Dumnezeu le punea pe inimă, și asta dintr-un singur motiv – soțiile lor. Acestea nu le împărtășeau viziunea, nu erau de acord cu ei ori nu susțineau lucrarea lor. Ascultându-le poveștile de viață și observând viețile multora, am realizat ce mare binecuvântare aveam în viața mea. Natasha a fost mereu alături de mine, în toate anotimpurile, pe culmile și în văile lucrării, susținându-mă prin toate. Pentru mine, aceasta a fost cea mai bună decizie – să cer de la Dumnezeu persoana potrivită, care să devină un ajutor credincios în împlinirea planului lui Dumnezeu.

Mandatul nostru: stăpânirea

În timpul unuia dintre momentele mele de devoţiune, am descoperit un concept plin de putere despre scopul şi funcţia familiei. Atunci când Dumnezeu a creat omul după chipul Lui, primul lucru pe care l-a spus despre om a fost: *„să stăpânească"*. Pasajul acesta este în cartea Geneza: „Apoi Dumnezeu a zis: «Să facem om după chipul Nostru, după asemănarea Noastră; el să stăpânească peste peştii mării, peste păsările cerului, peste vite, peste tot pământul şi peste toate târâtoarele care se mişcă pe pământ.»" (Geneza 1:26).

Când Dumnezeu a zis: „să stăpânească", s-a referit la toate persoanele. Suntem incluşi aici şi eu, şi tu. Întreaga rasă omenească era în sămânţa lui Adam. Aşadar, atunci când i-a dat un scop celui dintâi om, Dumnezeu s-a adresat totodată tuturor celor care aveau să vină după el. În Adam, Dumnezeu a văzut orice persoană care avea să vină în lumea aceasta; aşadar prin Adam, Domnul a dat fiecăreia dreptul de a stăpâni pământul. Despre aceasta scrie şi în Psalmi: „Cerurile sunt ale Domnului, dar pământul l-a dat fiilor oamenilor" (Psalmi 115:16). Dumnezeu a creat pământul şi ne-a aşezat pe el ca să-l stăpânim.

Dumnezeu a pus în om tot potenţialul necesar ca să-şi poată împlini scopul. Potenţialul acesta este sămânţa divină din om, căreia trebuie să i se permită să se desfacă şi să germineze. Te-ai născut datorită destinului tău – de a-ţi împlini rolul şi misiunea pe acest pământ. Darurile şi scopul tău poartă în ele răspunsul lui Dumnezeu la nevoile generaţiei acesteia. După ce am examinat cu atenţie intenţiile lui Dumnezeu şi voia Lui în tot Cuvântul Lui, am fost uimit să aflu că fiecare dintre noi avem o chemare de a conduce. Eu cred din toată inima mea că fiecare persoană este chemată să stăpânească tocmai peste teritoriul înzestrării sale.

Biblia ne învață să ne slujim unii pe alții cu darul pe care l-am primit (1 Petru 4:10). Fiecăruia ni s-a dat har într-o zonă specifică, conform darului lui Hristos. Darul tău are legătură cu scopul tău. El este *ergon*, cuvântul grecesc care înseamnă „*ocupație* sau *acțiunea de a cultiva, de a dezvolta și de a deveni.*" Dacă nu îți folosești darul, nu îți împlinești scopul și funcția în trupul lui Hristos. Acest fapt creează un deranjament în trup și produce efecte negative asupra celor ce vor veni în urma ta – copiii tăi și generațiile viitoare. La urma urmei, tu ești răspunsul trimis de Dumnezeu într-un anumit cadru de timp, aici, pe pământ, pentru a-ți împlini scopul.

Există o legătură directă între scopul tău și numărul zilelor existenței tale. Dumnezeu a hotărât atât ziua nașterii tale, cât și pe cea a plecării tale de pe pământ. Timpul este o resursă neprețuită. De aceea, pentru a-ți descoperi darul și a-ți împlini scopul, ai nevoie să-ți prețuiești timpul și să-l folosești corect. Nu vei avea încă o șansă să trăiești această viață, există o singură perioadă de timp pusă deoparte de Dumnezeu pentru tine personal. Dumnezeu are un plan în cadrul căruia tu să poți trăi din plin și cu scop, nu doar să-ți duci existența. Eu cred că există o viață care îți aduce satisfacții reale, un val de tărie și bucurie – iar aceasta se găsește doar în teritoriul chemării tale.

Găsește-ți locul și ajutorul

Observăm că locul în care Dumnezeu l-a pus pe om a fost grădina Edenului. Omul trebuia să stăpânească în mod specific din Eden. Cuvântul *Eden* înseamnă „un *cer deschis*", sau un loc în care prezența lui Dumnezeu era o ușă deschisă către cer. Altfel spus, Dumnezeu a așezat omul în însăși prezența Lui, pentru ca acesta să poată stăpâni pământul prin natura lui Dumnezeu.

Ai fost creat după chipul și asemănarea Lui. Înainte de toate, fiecare persoană este o ființă spirituală. Dumnezeu este Duh; El nu este doar umplut cu Duhul; El este Duhul. Dumnezeu nu este plin de bucurie; El este bucurie. Dumnezeu nu este plin de pace; El este pace. Dumnezeu nu este plin de dragoste; El este însăși dragostea. Chiar dacă dragostea este importantă, chemarea *atribuită* ție nu este dragostea. Cea dintâi instrucțiune care i-a fost dată omului de către Dumnezeu este aceea de a conduce și de a lua în stăpânire. Dragostea este ambientul în care trebuie să ne exercităm conducerea. Așezându-i pe oameni în Eden, în prezența lui Dumnezeu, Dumnezeu a intenționat ca omul să stăpânească prin natura lui Dumnezeu, care este dragoste, pace, bucurie etc., astfel încât domnia omului să nu fie dăunătoare sau periculoasă, ci să aducă prosperitate și binecuvântare.

Adam se îndeletnicea cu împlinirea scopului pentru care fusese făcut în grădina Edenului și abia atunci Dumnezeu a zis: „Nu este bine ca omul să fie singur; am să-i fac un ajutor comparabil cu el" (Geneza 2:18, traducere literală din engleză). Versetul acesta conține funcțiile unei familii. Observăm că, mai întâi, Dumnezeu a așezat omul în prezența Lui, dându-i responsabilitate și scop; abia după aceea, Dumnezeu i-a dat și un ajutor. Ajutorul are un rol specific: de a asista, de a susține și de a ajuta.

Femeia a fost capodopera creației lui Dumnezeu. Ea a venit echipată cu toate cele necesare pentru a-i fi de ajutor lui Adam: tărie, aptitudini, înțelepciune, pricepere, creativitate și alte calități menite să o ajute să devină sprijinul de care Adam avea nevoie. Rolul Evei a fost conceput, în mod specific, pentru a-i fi de ajutor lui Adam, care avea o misiune și un scop specifice. Altminteri, de ce ar avea nevoie de ajutor cineva care nu face nimic?

Astăzi, multe probleme de familie apar tocmai din cauza lipsei de viziune și mulți oameni suferă din cauza aceasta. Acesta este motivul pentru care adesea le recomand tinerilor să își adreseze unii altora întrebările corecte înainte de a se căsători. Atunci când un bărbat cere în căsătorie o femeie, aceasta trebuie să întrebe nu doar cât de mult o iubește, ci și care este scopul lui în viață.

Scumpe doamne, întrebați-vă viitorii soți ce planuri au pentru următorii cincizeci, șaizeci, șaptezeci de ani. Este foarte important să înțelegeți viziunea bărbatului vostru. *Care este viziunea lui în viață? Care sunt scopurile lui? De ce ar avea nevoie de un ajutor? Cum anume îl vei ajuta tu?* La o adică, o femeie, în calitate de ajutor, are nevoie să-și înțeleagă rolul de sprijin în atingerea viziunii lui.

Eu cred că, în cazul meu, Dumnezeu a amânat căsătoria noastră până când mi-am înțeles destinul vieții și scopul existenței mele. Abia mai târziu am înțeles cât de îndurător a fost Dumnezeu cu mine! I-am mulțumit pentru că a intervenit în situația mea. Înainte ca Dumnezeu să aducă reconciliere în relația mea cu Natasha, în primul rând, ea a văzut în mine prezența lui Dumnezeu – atmosfera dragostei Sale. În al doilea rând, eu împlineam scopul pe care Dumnezeu îl rezervase vieții mele. Îl slujeam pe El și mă îndeletniceam cu lauda și închinarea la adresa Lui!

După nuntă, ne-am dedicat complet lui Dumnezeu. Toate zilele noastre, tăria, aptitudinile, abilitățile, finanțele și darurile noastre urmau să fie puse în slujba împlinirii dorințelor Lui. Și astfel a început procesul capitulării și dedicării noastre – iar acesta continuă și azi.

O nouă slujbă și rugăciune

După câtva timp, am început să mă rog pentru o slujbă. I-am cerut lui Dumnezeu o poziție care să-mi permită să petrec cât mai mult timp posibil în rugăciune. Eram flămând după o relație mai adâncă cu Dumnezeu. Dorința mea de a-L cunoaște nu a făcut decât să crească odată cu trecerea timpului. De fiecare dată când mă gândeam că Îl cunosc, El îmi descoperea ceva nou și îmi dădeam seama cât de puțin Îl cunoșteam, de fapt.

Chemat

Dumnezeu nu are sfârşit. El este întinderea infinită a bogăţiilor, înţelepciunii, puterii, tăriei şi măreţiei, din care eu pricepeam atât de puţin. Revelaţia eternităţii Lui îmi dădea ghes să înaintez. Dimensiunea măreţiei Sale este incomensurabilă; ea îmi dădea tăria de a căuta faţa lui Dumnezeu. Din păcate, mulţi oameni încetează să mai crească în Dumnezeu. În schimb, au găsit plăcere în atingerea obiectivelor lucrării, sfidând astfel tocmai scopul acelei lucrări pentru Dumnezeu. Ei sunt mai satisfăcuţi să-L slujească decât să-L cunoască, propriu-zis, pe Dumnezeu.

Mi-am dorit întotdeauna să aflu ce este în inima lui Dumnezeu şi care este voia Lui pentru vremea aceasta şi pentru viaţa mea. La urma-urmei, au mai fost oameni pe pământ înainte să mă nasc eu şi vor mai veni şi alţii după ce eu voi muri, iar voia lui Dumnezeu este cu mult mai mare decât doar lungimea vieţii mele pe pământ. Nu mă puteam abţine să nu mă gândesc la perspectiva lui Dumnezeu asupra timpului pe care mi-l dăduse. *Ce are Dumnezeu în plan pentru viaţa mea? Cum mă vede El? Care este rolul meu pentru această perioadă de timp?* Voia Lui pentru viaţa mea conta mai mult decât părerile oamenilor – nu voiam ca oamenii să-mi definească destinul! Doar El îmi putea oferi toate răspunsurile. Voiam să-mi dedic tot timpul lui Dumnezeu, aşa că am început să caut o slujbă care să-mi dea opţiunea asta.

La scurt timp după aceea, un prieten mi-a făcut o ofertă, sugerându-mi să aplic pentru un post de curier. Acesta presupunea să transport şi să distribui medicamente către farmacii. Când am început procesul de aplicare pentru acest job, m-am lovit de un obstacol. Nu aveam permis de conducere. Îmi fusese luat de către poliţie din cauza multiplelor mele încălcări ale legii. Diavolul se folosea de alegerile proaste pe care le făcusem ca să-mi distrugă viaţa; de fapt, eu îi dădusem permisiunea să o facă, prin stilul meu de viaţă din trecut.

Cu toate acestea, nu mai eram în robia aceea. Îl aveam pe Dumnezeu de partea mea şi voiam să-mi asum răspunderea pentru acţiunile mele, dându-I lui Dumnezeu spațiul necesar pentru a-mi restaura viața. Am făcut tot ceea ce stătea în puterea mea și ținea de mine, iar restul l-am lăsat în seama lui Dumnezeu. În sinea mea, simțeam că această slujbă ar fi o mare binecuvântare pentru mine, precum și pentru cei din jurul meu. Mi-am asumat riscurile și am completat formularul de aplicare. Nu după mult timp, directorul companiei mi-a telefonat personal, anunțându-mă că fusesem angajat pe post. Eram atât de încântat! În aceeași zi, Dumnezeu a adus în calea mea niște oameni care au reușit să închirieze pentru mine o furgonetă cu care să merg la lucru.

I-am promis lui Dumnezeu că îmi voi dedica toate orele de lucru rugăciunii în Duhul Sfânt. Sincer să fiu, la început nu-mi venea ușor să mă rog tot timpul, dar, cu timpul, a fost din ce în ce mai ușor și a devenit un obicei. Prin harul lui Dumnezeu, petreceam șapte-opt ore pe zi conducând mașina și rugându-mă în duhul meu. Rugăciunea a devenit o parte normală a vieții mele. Veneam acasă și petreceam restul orelor în Scriptură, până când soția mea se întorcea de la serviciul ei. Acesta nu este, sub nicio formă, un model pe care toată lumea trebuie să-l urmeze, ci este, pur și simplu, felul în care a început călătoria mea.

Când Natasha venea acasă, ne duceam la biserica noastră locală, unde slujeam din toată inima. Aceasta era biserica în care îmi predasem viața lui Isus și ea îmi devenise o a doua casă. Ne dedicam timpul și viețile ca să devenim răspunsul la nevoile bisericii noastre. Oamenii ne întrebau uneori dacă avem discuții în contradictorii. Eu răspundeam întotdeauna: *„Nu avem timp de așa ceva.”* Eram focalizați asupra rămânerii pe calea cea bună. Simțeam pentru oameni. Mă apropiam de pastorul nostru și îl întrebam cum puteam fi de ajutor; nicio sarcină nu îmi părea neînsemnată. Cu un astfel de prilej, pastorul mi-a arătat cu degetul scaunul gol din spatele tobelor. Deși eram muzician, nu mai cântasem niciodată la tobe, dar, în ziua aceea, am început să o fac. Nu conta ce anume făceam, soția mea și cu mine eram acolo, hotărâți să slujim. Nu înțelegeam pe deplin ce voia

Dumnezeu de la noi, aşa că slujeam, pur şi simplu, făcând tot ceea ce ne stătea în putere.

Ne întorceam acasă destul de târziu. De obicei, soţia mea mergea la culcare, iar eu rămâneam treaz în sufragerie, petrecând încă puţin timp conectându-mă cu Duhul Sfânt. După aceea, îmi puneam şi eu capul pe pernă. Alarma ceasului meu era fixată la ora trei dimineaţa, pentru că hotărâsem să-mi întrerup somnul şi să mai petrec încă o jumătate de oră, noaptea, în rugăciune. Acesta era un sacrificiu enorm pentru mine, pentru că mă duceam la culcare târziu şi mă trezeam dimineaţa devreme ca să mă duc la serviciu. Însă, acele treizeci de minute în plus din timpul nopţii indicau cât de mult tânjeam după cunoaşterea lui Dumnezeu!

Am hotărât că, noaptea, nu mă voi ruga pentru nevoi, ci doar Îl voi căuta pe Dumnezeu și-I voi cere să îmi descopere mai mult din inima Lui și să mă conducă pe cărările neprihănirii. Nu voi uita niciodată cum m-am rugat într-o noapte, după ce citisem un pasaj din cartea Isaia, care spunea: *„Am auzit glasul Domnului întrebând: «Pe cine să trimit și cine va merge pentru Noi?» Eu am răspuns: «Iată-mă, trimite-mă!»"* (Isaia 6:8). Am început să strig spre cer: *„Doamne, nu mai căuta pe altcineva! Ai găsit ce căutai! Eu sunt! Ia-mă pe mine și fă ceea ce vrei!"* M-am dedicat lui Dumnezeu, deşi nu aveam nicio idee ce mă aştepta după rugăciunea aceea.

Mi-am făcut un obicei din a-mi întrerupe somnul noaptea pentru treizeci de minute de rugăciune. Voiam să-I arăt lui Dumnezeu cât de mult voiam să sacrific pentru a-I cunoaște inima. În timp ce lucram, mă rugam doar în limbi, pentru că este rugăciunea cea mai eficientă, într-o limbă cunoscută doar cerului! Dumnezeu cunoaşte gândurile duhului nostru şi mijloceşte pentru sfinţi, după voia Tatălui.

O lecție despre rostirea adevărului

Într-o zi, eram atât de implicat în rugăciune încât nu am văzut un semn de oprire și am trecut în viteză printr-o intersecție. Nu caut scuze; a fost cu totul vina mea. Un ofițer de poliție m-a ajuns din urmă și am văzut familiarele lumini semnalizându-mi să trag pe dreapta. În clipa aceea, am știut că dădusem de necaz. Nu aveam nici permis de conducere, nici asigurare – și, de parcă lucrurile nu erau și așa destul de rele, mașina era înmatriculată pe numele altcuiva. Știam foarte bine că mă aștepta închisoarea; furgoneta urma să-mi fie confiscată, iar eu să-mi pierd slujba.

Când polițistul a venit la geamul meu, am oftat adânc și mi-am lăsat capul în jos. De obicei, polițiștii solicită imediat permisul de conducere și carnetul de înmatriculare al mașinii. Cu toate acestea, în ciuda frazelor standard, acesta m-a întrebat doar: „*Aveți permis de conducere?*" Am scuturat din cap, dar, dintr-un motiv neștiut, m-am auzit rostind: „Da". Ofițerul era confuz, așa că mi-a repetat întrebarea. În spaima mea, am scuturat din nou din cap, dar, cumva, am mormăit iar: „da". Nedumerit de răspunsul meu contradictoriu, polițistul mi-a cerut să îi arăt ceea ce aveam. Cu mâini tremurânde, i-am înmânat cartea de identitate. Ofițerul s-a întors la mașina lui. Când a revenit, mi-a zis: „Coborâți din mașină. M-ați mințit. Nu aveți permis de conducere, prin urmare nu aveți dreptul de a conduce o mașină." M-a instruit cum să ies din furgonetă, după care mi-a pus cătușele pe mâini și m-a mânat spre mașina de poliție. Apoi, a chemat o mașină de tractare pentru furgoneta mea și m-a condus la secție.

Realitatea m-a izbit drept în frunte. Îmi era rușine și mă simțeam stânjenit de propriile acțiuni. La o adică, îmi dădusem viața lui Dumnezeu, avusesem o întâlnire cu Isus, îmi dedicasem tot timpul căutării Lui și, în ciuda tuturor acestora, mințisem un ofițer de poliție și ajunsesem pe bancheta din spate a mașinii lui, îndreptându-mă spre închisoare. Ce mai căutător de Dumnezeu eram! În momentul acela, am auzit un glas liniștit: *„Dacă nu ai fi mințit, ci ai fi spus adevărul, Mi-ai fi dat șansa să fac o minune!"*

Trebuie să înțelegem un adevăr important: Dumnezeu nu face minuni pornind de la minciuni! Fiecare minciună are *sursa*, ori *tatăl* ei: diavolul. Arma cea mai redutabilă pe care acesta o folosește ca să împiedice oamenii să-și atingă destinul este rostirea de minciuni. Dacă vrei să vezi minunile lui Dumnezeu în viața ta, învață să spui adevărul. Vreau să mai subliniez o dată acest adevăr: Dumnezeu nu face minuni pornind de la minciuni.

Mă simțeam atât de oribil încât m-am aplecat spre ofițerul de poliție și i-am cerut iertare: „Domnule, vreau să vă rog să mă iertați pentru că am spus o minciună!" El nu mi-a răspuns, dar am văzut că în colțul gurii i s-a ițit un zâmbet. Un minut mai târziu, mi-a spus: „Vreau să știi ceva. Dacă mi-ai fi spus adevărul, te-aș fi lăsat să pleci!" M-am întristat și m-am simțit cu atât mai groaznic. Tocmai îmi confirma ceea ce auzisem din partea Domnului, cu un minut înainte. *Dacă aș fi spus adevărul, ce miracol ar fi fost, spre slava lui Dumnezeu!*

Ofițerul a continuat: „Văd că ești un băiat de treabă. Cu toții facem greșeli. Vreau să te ajut. Când ajungem la secție, te voi ajuta cu toată hârțogăria și voi face tot ce ține de mine ca să poți pleca cât mai curând." Am oftat. Cel puțin, exista oarece speranță.

Când am sosit, polițistul a început să negocieze în numele meu și a înlesnit procesul acela anevoios astfel încât să fiu eliberat. Pe deasupra, mi-a dat telefonul său mobil ca să-mi sun prietenii și să-i rog să finalizeze ei livrările care îmi rămăseseră de făcut. Și proprietarul furgonetei mi-a venit în ajutor, finalizând livrările către farmacii. În mod uimitor, în ziua următoare eram din nou la muncă!

I-am mulțumit lui Dumnezeu pentru că a intervenit în situația mea și a rezolvat-o. Până la urmă, am lucrat încă doi ani pentru acea companie, fapt care mi-a permis să procur cele necesare familiei mele din punct de vedere financiar. Nu recomand nimănui să lucreze ca şofer fără a avea permis de conducere, dar, în ce mă priveşte, nu am avut de ales.

În următorii doi ani, miracolele lui Dumnezeu s-au arătat în viaţa mea personală. Domnul mi-a redat toate documentele, inclusiv permisul de conducere, pentru că aceea era zona în care inamicul îşi câştigase accesul şi din care făcea tot posibilul să-mi distrugă viaţa. Cu toate acestea, tocmai în acea zonă L-am văzut pe Dumnezeu intervenind pentru mine şi înfăptuind minuni, restaurându-mi, în chip supranatural, viaţa. Pas cu pas, Dumnezeu m-a învăţat cum să umblu în El şi să mă încred în El. Şi am continuat să caut faţa Lui şi să dau crezare Cuvântului Lui.

CAPITOLUL 5.
Transfigurare

Împreună cu soția mea, am decis să postim în fiecare zi de luni, iar seara primeam prieteni în micul nostru apartament, pentru rugăciune și laudă. Pe lângă slujirea și ajutorul dat în biserica noastră, ne doream cu ardoare să strângem tinerii laolaltă și să-L căutăm împreună pe Dumnezeu. Lunea dimineața, mă duceam să cumpăr o grămadă de mâncare pentru masa pe care o luam împreună cu oaspeții noștri, seara, după încheierea postului, în timp ce ne închinam. Cinele împreună ne permiteau să ne împărtășim experiențele și revelațiile prin intermediul unor conversații profunde. Și așa a început totul.

În scurt timp, micul nostru apartament s-a umplut de tineri, bărbați și femei, care flămânzeau și ei după Dumnezeu. Ne rugam plini de râvnă, împărtășeam din Cuvânt și cineva cânta la chitară pentru închinare. Într-un rând, managerul apartamentului a urcat până la noi și ne-a rugat să nu mai cântăm la tobe. Dintr-un motiv oarecare, oamenii din jurul nostru se plânseseră că auzeau sunet de tobe, dar noi nu aveam așa ceva. Era doar o chitară și multe glasuri tinere care Îl lăudau pe Domnul. Aceste adunări au marcat începutul schimbării înspre destinul nostru.

Și apoi nu a mai fost nimeni

Zilele treceau şi săptămânile se înşiruiau una după alta. Într-o zi de luni, ca de obicei, m-am dus să cumpăr o mulţime de alimente, aşteptându-mă la o adunare numeroasă. Dar, când a venit seara, nici măcar o persoană nu s-a arătat la uşa noastră. Mi se părea foarte ciudat, pentru că, în săptămâna dinainte, aproape că nu mai fusese loc pentru toţi oaspeţii noştri. Şi acum, brusc, parcă dispăruseră cu toţii. Am început să-mi sun prietenii ca să văd dacă era ceva în neregulă. Toată lumea m-a asigurat că totul era în regulă şi că absenţa lor era doar pentru acea seară, promiţând să revină în lunea următoare. După mai multe asemenea apeluri telefonice, am lăsat telefonul din mână şi i-am spus soţiei mele: „Natasha, nu are importanţă dacă nu vine nimeni. Noi tot Îl vom lăuda pe Domnul. Să închidem ochii şi să ne imaginăm că avem o casă plină de oaspeţi, ca până acum." În seara aceea, doar noi doi ne-am rugat şi L-am lăudat pe Domnul.

În lunea următoare, am cumpărat din nou o grămadă de mâncare şi am aşteptat să sosească toată lumea. Spre surprinderea mea, din nou, nu s-a arătat nimeni! Am telefonat din nou şi am fost întâmpinat cu aceleaşi scuze. În a treia zi de luni, scenariul s-a repetat. Eram extrem de confuz şi incapabil să înţeleg ceea ce se petrecea. Părea că Dumnezeu închisese uşile şi nu ne lăsa să ne adunăm. *Dar de ce?*

Nici în cea de-a patra zi de luni nu a venit nimeni. Atunci, m-am încuiat într-o cameră şi am început să strig către Domnul: „Doamne, ajută-mă să înţeleg ce se petrece." M-am întins pe jos cu faţa la podea şi m-am rugat cu înflăcărare. După câtva timp, Domnul a început să-mi vorbească: „Te voi învăţa cum să slujeşti o singură persoană, ca să înţelegi valoarea unui singur suflet." Când am auzit aceste cuvinte, am răspuns: *„Doamne, fă cu mine precum doreşti, pentru că vreau cu adevărat să fac voia Ta."*

Aşa se face că, în următoarea zi de luni, o singură persoană şi-a făcut apariția. De cum am văzut-o, am înțeles imediat că ne aștepta, pe mine și pe Natasha, o noapte lungă. Știam că acea persoană tindea să fie foarte problematică! După rugăciune, eu și soția mea am început să ne ocupăm de acest suflet. Am terminat înainte de ivirea zorilor. Nu mai rămăsese timp de dormit; a trebuit să mă duc direct la serviciu. Eram foarte obosit, dar, în același timp, aveam o satisfacție și o bucurie enorme. Am devenit conștient cât de importantă este fiecare persoană în ochii lui Dumnezeu și am văzut valoarea unui singur suflet.

Ochi deschiși

În timp ce îmi făceam livrările, deodată, am început să observ oameni care aveau nevoie de ajutorul meu. Tatăl meu ceresc mă ghida pas cu pas, învățându-mă lecții și descoperindu-mi inima Lui, care este întotdeauna îndreptată spre oameni. Am înțeles un lucru: oamenii care nu se roagă sunt incapabili să vadă nevoile altora. Ei se concentrează doar asupra lor înșiși. Înțelege un lucru: rugăciunea nu constă în acele câteva cuvinte pe care le reciți înainte de masă ori la culcare. Nu, rugăciunea este mult mai mult de-atât! Rugăciunea este un dialog cu Dumnezeu, o stradă cu două sensuri, un timp în care lași orice altceva pe dinafară ca să Îi dai Lui atenția ta neîmpărțită.

Atunci când ne rugăm și ne conectăm cu Duhul lui Dumnezeu, are loc un minunat proces de transformare lăuntrică și începem să vedem totul prin ochii lui Dumnezeu. Când o persoană începe să se roage, primul lucru pe care îl observă sunt propriile neajunsuri și zonele în care are nevoie de harul lui Dumnezeu pentru a se schimba.

Atunci când o persoană continuă să se roage cu înflăcărare, începe să observe nevoile propriei familii, ale rudelor și ale prietenilor care au nevoie de sprijin. După aceea, observă nevoile altora – ale unor străini – și capătă dorința de a ajuta și de a fi o lumină în lume.

Când continuă în rugăciunea ei înflăcărată, acea persoană începe să vadă dincolo de toate acestea. Începe să înţeleagă planul lui Dumnezeu pentru biserica locală şi vede că problema nu era la pastor ori la lider. Problema era, poate, faptul că ea nu se implicase ca să devină răspunsul la nevoile bisericii, să influenţeze şi să facă ceva bun pentru oameni.

Când continuă în rugăciunea ei fierbinte, acea persoană începe să vadă că celelalte biserici din oraş nu sunt nici rivale, nici competitoare, chiar dacă există diferenţe de opinii. Ea începe să vadă scopul şi diversitatea harului lui Dumnezeu în felul în care funcţionează trupul Bisericii.

Atunci când continuă în rugăciunea ei fierbinte, acea persoană începe să vadă oraşul, înţelegând că ea este menită să fi o lumină în lume. Ea înțelege că face parte din trupul lui Hristos – mâinile și picioarele Lui pe acest pământ.

Când continuă în rugăciunea ei fierbinte, acea persoană vede tot mai departe şi simte nevoia de a mijloci pentru oraş, pentru stat, pentru regiunea și țara ei și pentru lumea întreagă.

Asta a început să se întâmple și în viața mea. Cu cât îmi dedicam mai mult timp rugăciunii, cu atât vedeam oameni care aveau nevoie de mine. Băgam de seamă autostopişti care stăteau pe marginea drumului, lipsiţi de speranţă. Mă ofeream să-i ajut şi îi conduceam acolo unde aveau nevoie să ajungă. Aceasta era pentru mine o mare oportunitate de a-mi spune mărturia. Pe drum, le povesteam despre cine este Dumnezeu şi despre preţul pe care l-a plătit pentru ei. Nu mă mulţumeam doar cu explicaţii despre Isus, ci îi aduceam la Isus şi mă rugam pentru nevoile şi sănătatea lor. Dacă observam că aveau nevoie de eliberare, porunceam tuturor duhurilor necurate să iasă din vieţile lor. Când vedeam că aveau nevoie de hrană ori de îmbrăcăminte, încercam să-i ajut în mod practic. Cei mai mulţi dintre oamenii pe care i-am luat cu maşina L-au acceptat pe Isus Hristos ca Mântuitorul lor, poate doar pentru că erau în maşina mea şi nu aveau de ales. Cu toate acestea, eu m-am folosit de acea oportunitate pentru a le împărtăşi despre Isus.

Cu cât lucram şi mă rugam mai mult, cu atât vedeam mai multe oportunităţi de a ajuta oamenii. Mă foloseam de fiecare ocazie pe care Dumnezeu mi-o dădea ca să arăt dragostea Lui în orice situaţie. Inima lui Dumnezeu este mereu îndreptată spre oameni! De aceea, rugăciunea nu ne depărtează niciodată de oameni; dimpotrivă, îi aduce mai aproape de noi.

Procesul transformării

În procesul de transformare, atunci când ne conectăm cu Duhul Sfânt, avem parte de revelaţii adânci şi pline de putere. Setea după Dumnezeu va conduce întotdeauna la un nou nivel de iluminare.

Vreau să-ţi atrag atenţia asupra unui adevăr: atunci când Îl accepţi pe El în inima ta, primeşti toată plinătatea Dumnezeirii, care este Duhul Sfânt! Dumnezeu nu poate fi în tine mai mult decât este deja - pentru că este deplin în tine. Singura cale prin care poţi primi mai mult din Dumnezeu în viaţa ta este să laşi mai puţin loc pentru tine. O persoană care începe să se roage şi să se conecteze cu Duhul lui Dumnezeu va începe să observe zonele şi lucrurile care împiedică natura lui Dumnezeu să se deschidă în ei, precum şi pe acelea care opresc puterea lui Dumnezeu.

Te încurajez să Îi dai voie lui Dumnezeu să dezrădăcineze tot ceea ce nu a fost sădit în tine de Tatăl - doar atunci Dumnezeu va începe să se manifeste mai cu putere în viaţa ta. Biblia afirmă acest lucru în epistola către corinteni: „Căci Domnul este Duhul, şi unde este Duhul Domnului, acolo este slobozenia" (2 Corinteni 3:17). Libertatea va veni în acele zone ale duhului, sufletului şi trupului tău în care este permisă domnia Lui.

Transformarea ta începe prin capitularea fiecărei sfere a vieţii tale în faţa Duhului Sfânt. Este un proces în care El devine Domnul întregii tale vieţi, pas cu pas; aducându-te în punctul în care nu doar ai Duh Sfânt, ci Duhul Sfânt te are pe tine. Altfel spus, ne aşezăm sub domnia Lui totală. Iar atunci când este Domn peste toată viața ta, El te conduce la pășuni verzi, îți îndrumă pașii, te echipează, te învață și îți dă puterea și ungerea Lui.

În procesul de transformare, vei începe să observi abilități divine în viața ta. Și cu cât se adâncește relația ta cu Duhul Sfânt, cu atât te vei putea așeza mai mult sub călăuzirea Duhului lui Dumnezeu. Eu cred că putem atinge un punct în care Duhul lui Dumnezeu să devină Domnul întregii noastre vieți și să aibă toată ființa noastră. Asta a început să se întâmple în viața mea.

O întâlnire cu diavolul

Într-o seară, m-am întors de la serviciu cu o apăsare în suflet. În ziua aceea, mă rugasem pentru eliberare pentru cineva și simțisem o puternică opoziție spirituală. Mi-am dat seama că aveam o putere spirituală insuficientă. Am început să mă rog, tânjind după un nivel mai înalt de autoritate și ungere divină. Eram însetat după revărsarea puterii lui Dumnezeu în viața mea. Apoi, ca de obicei, m-am întors în prezența Lui la ora trei dimineața. Am petrecut timp în rugăciune și apoi m-am dus la culcare. De îndată ce capul mi-a atins perna, m-am văzut de pe tușă, ca într-o viziune.

Nu era un vis, pentru că nu avusesem timp să adorm încă – era o experiență supranaturală! Nu-mi puteam vedea corpul, dar îmi vedeam soția întinsă alături de mine. Am trecut drept prin ușa din față a casei, care era încuiată, am coborât scările de la etajul al doilea și am ieșit în parcarea din fața casei. Începeau să se ivească zorile, zugrăvind cerul în nuanțe de portocaliu și rozaliu.

În întuneric, am putut desluși silueta unui bătrân care venea neabătut spre mine. Cu cât se apropia mai mult, cu atât îl vedeam mai clar. Avea părul cenușiu și pieptănat spre spate. Își ținea capul aplecat și se uita la mine pe sub sprâncenele foarte groase, cu o căutătură letală. Acesta nu era un simplu bătrân – părea a avea mii de ani. Cu fiecare pas pe care îl făcea spre mine, simțeam un val de frică și groază. Nu trebuia să mi se explice cine era în fața mea; în sinea mea, știam clar că era diavolul. Eram îngrozit și am început să tremur din toate încheieturile.

Arătarea m-a privit încruntată. Ochii îi erau plini de furie, mânie și moarte. Aceasta era cea mai groaznică bestie pe care o văzusem vreodată. În frica și șocul meu, am țipat: „În Numele lui Isus, pleacă de la mine, satană!" Dar el nu a reacționat la porunca mea; dimpotrivă, se apropia cu pași mai apăsați. Am strigat din nou: „În Numele lui Isus Hristos, pleacă de la mine, satană!" Nicio reacție; pas cu pas, venea tot mai aproape.

Îi puteam auzi răsuflarea greoaie și furioasă, dar cei mai teribili îi erau ochii. Mă pironea cu privirea atât de intens – în ochii lui se vedea un hău fără fund, în care urla iadul. Niciun film de groază nu poate transmite teroarea aceea. Iadul și răul din el sunt mult mai reale decât ne putem închipui. Terifiat, am șoptit pentru a treia oară: „În Numele lui Isus Hristos, pleacă de la mine, satană!" El nu a reacționat câtuși de puțin la cuvintele mele.

Deodată, mi-am deschis ochii și am realizat că eram din nou în camera mea. Era o tăcere înfiorătoare. M-am uitat la ceas: patru dimineața. Apoi, am auzit glasul lui Dumnezeu: „Înmulțește-ți zilele de post, pentru că nu ești gata să te bați cu lumea demonilor. Voi începe să te învăț Eu Însumi și îți voi dezvălui tainele lumii spirituale. Îți voi învăța mâinile să lupte ca să poți distruge lucrările diavolului, dar tu să-ți înmulțești rugăciunea și postul!"

Post și eliberare

După această întâmplare, am încetat să mă rog pentru eliberarea altora, pentru o vreme. În fiecare săptămână, încercam să postesc cel puțin două-trei zile. Începuse un sezon unic de post și rugăciune intensă în viața mea. Nu recomand nimănui să-mi urmeze exemplul. Înțelege, te rog, că această poruncă mi-a fost dată de Dumnezeu și am simțit harul de a proceda astfel.

(Vreau să te sfătuiesc neîntârziat să te educi asupra modului în care să începi şi să închei corect un post şi să te consulţi cu doctorul tău înainte de a începe orice post.) Aşadar, am înmulţit zilele de post şi rugăciunea în viaţa mea. Au fost zile în care eram pierdut şi nu-mi aduceam aminte dacă posteam sau nu în acea zi. Am continuat, totuşi, să-mi smeresc firea şi să mă dedic lui Dumnezeu. Treaba asta a ţinut aproape un an.

Într-o noapte, în acel an, am avut un vis interesant în care mă rugam pentru o fată de optsprezece ani. Îi vedeam clar faţa şi avea manifestări demonice. Pe măsură ce mă rugam pentru ea, am văzut doi demoni părăsindu-i trupul. Am continuat să mă rog şi am văzut acei demoni întorcându-se şi atacându-se unul pe altul până când s-au distrus complet unul pe celălalt. Când m-am trezit, am reflectat asupra visului: cu cât mă rugam mai tare, cu atât demonii se băteau între ei şi se distrugeau. Am înţeles că Domnul mă chema înapoi la lucrarea de eliberare.

Câteva săptămâni mai târziu, o tânără a venit în apartamentul nostru la o adunare de rugăciune de luni seara. Îmi părea foarte cunoscută, dar nu îmi dădeam seama de unde o ştiam. Când ne-am adunat cu toţii, am început să cântăm şi să Îl lăudăm pe Dumnezeu. Apoi, am început să slujesc oamenilor, rugându-mă pentru fiecare. Punându-mi mâna pe umărul fetei acesteia, am binecuvântat-o şi apoi am început să mă rog pentru următoarea persoană. Deodată, unul dintre prietenii mei m-a oprit şi mi-a zis: „Uite ce se întâmplă!" M-am întors şi m-am uitat la fată şi, în sfârşit, ca şi când mi se deschiseseră ochii, am recunoscut-o – era fata din visul meu! Avea manifestări demonice şi mi-am dat seama că Domnul mă chema să-i slujesc. Am dus-o într-o cameră alăturată şi, după rugăciune, Dumnezeu a eliberat-o.

În noaptea aceea, am realizat, brusc, că Domnul mă ridicase în putere şi autoritate spirituală şi mă condusese în lucrarea de eliberare. A început să-mi destăinuie tainele lumii spirituale şi să-mi dea cunoaştere despre ceea ce se întâmplă atunci când îmi pun mâinile peste oameni şi mă rog pentru ei. În procesul de transformare şi unitate cu Duhul lui Dumnezeu, Dumnezeu Însuşi începuse să mă conducă şi să-mi înveţe mâinile cum să lupte. Prin puterea Lui, am început să mă războiesc cu duşmanul, năruind lucrările întunericului.

CAPITOLUL 6.
Foame

Eram captivat de Dumnezeu și continuam să caut fără încetare fața Lui. Rugăciunile noastre cu tinerii au început, în scurt timp, să nu mai poată fi ținute în micul nostru apartament. Nu aveam suficient spațiu pentru toți oamenii. De aceea, ne-am mutat adunările în biserica locală. După un timp, Duhul Sfânt a început să-mi vorbească în inima mea să adun tineri din tot orașul Sacramento și să le slujesc. Pe atunci, aveam deja o echipă de oameni care erau gata să pună umărul alături de mine la împlinirea acestei viziuni.

Creștere exponențială

Încă de la început, Dumnezeu mi-a focalizat atenția asupra dezvoltării echipei și asupra însușirii perspectivei Împărăției Sale asupra tuturor lucrurilor. El m-a îndrumat să ajut tinerii să-și adâncească cunoaștere de Dumnezeu și să-și pună în practică înzestrările și chemările. Am descoperit un principiu potent: *dacă vrei să mergi repede, mergi singur; dacă vrei să ajungi departe, mergi împreună cu alții.* Am încercat pe toate căile posibile să-i ajut pe tineri să își vadă locul în planul lui Dumnezeu.

În curând, o echipă relativ mare de tineri a început să se adune și să îndeplinească anumite funcții în lucrare. Împreună, am început să scriem istorie. Pe atunci, nu îmi dădeam seama că Dumnezeu mă înălța într-o poziție de conducere, învățându-mă despre guvernare, stăpânire și putere.

Duhul Sfânt m-a călăuzit să organizez lunar întruniri de tineri la nivelul orașului Sacramento. În timpul pregătirii, lucram împreună ca echipă la planificarea programului, organizarea publicității, conceperea designului, a producției media și a muzicii și la implicarea oamenilor în grupuri de casă. Atunci, Domnul a vorbit inimii mele să dedic șapte zile postului și rugăciunii. Așadar, în plus față de toată munca vizibilă, am împărțit între noi zilele săptămânii și am început să postim. Curând după aceea, a avut loc primul serviciu la nivelul orașului.

Vestea s-a răspândit cu repeziciune și tinerii din tot orașul au început să se strângă. În scurt timp, clădirea bisericii noastre era plină ochi de lume. Eram uimit de harul lui Dumnezeu la aceste adunări și mulți lideri și pastori au venit și au văzut mișcarea plină de putere a Duhului Sfânt. Nu îmi ajunge această carte ca să descriu toate miracolele și mișcarea lui Dumnezeu care au avut loc prin aceste servicii pentru tineri. Sala de adunare, care avea o capacitate de șase sute de oameni, era plină, iar unii stăteau în picioare afară, în parcare. Era indiscutabil faptul că pornise o mișcare.

Cu cât lucrarea creștea, cu atât creștea și nevoia mea de a avea o relație cu Dumnezeu și călăuzirea Lui. Rugăciunile zilnice nu erau suficiente. Am început să-mi pun deoparte timp în care să fiu singur cu Dumnezeu. Glasul și călăuzirea Lui au devenit cu atât mai importante și mai prețioase pentru mine. Din acest motiv, am început să părăsesc orașul, câteva zile în fiecare lună, ca să petrec câteva zile singur cu Dumnezeu, în munți. Închiriam o cameră de hotel pentru a mă rupe de tot freamătul și a putea fi singur cu Duhul Sfânt. Astfel, a început un nou sezon și cu totul alt nivel în relația mea cu Dumnezeu.

Cu toate acestea, în viața de zi cu zi, aveam parte de mari presiuni spirituale, din cauza unor lucruri care se întâmplau și pe care nu mi le puteam explica. Parcă tot iadul se dezlănțuise împotriva mea și forțele lumii demonice încercau să-mi pună piedici în calea viitorului și destinului meu. Diavolul îmi ataca viața din toate direcțiile! Totuși, în ciuda tuturor acestor circumstanţe, am continuat să merg înainte; obstacolele doar mă făceau mai puternic.

Pe atunci, fusesem ordinat pastor de tineret şi începusem să mă ocup de lucrarea pastorală din biserică. Încetul cu încetul, responsabilităţile mele au crescut, biserica s-a înmulţit, iar lucrarea a luat avânt. Voiam să fim o binecuvântare pentru biserica noastră şi pentru pastorul senior. S-a întâmplat că, într-o perioadă scurtă de timp, am avut un număr de servicii cu post şi rugăciune pentru eliberare. Lucrarea ne consuma mult din tărie şi ne simţeam obosiţi fizic, mental şi spiritual – şi aveam nevoie, pur şi simplu, de odihnă. Eu şi soţia mea, împreună cu un alt cuplu tânăr, am decis să închiriem o casă lângă ocean, în Santa Cruz, pentru relaxare. Tot ceea ce aveam nevoie atunci erau câteva zile de tihnă.

Profetul

Chiar înainte de plecare, am primit un apel telefonic. Un tânăr pe care nu-l cunoşteam mă informa că un profet sosise în Sacramento. Bărbatul acesta auzise despre mine şi despre lucrarea mea şi ardea de nerăbdare să mă cunoască în carne şi oase. Am spus: „Sunt foarte mulţumitor că există profeţi plini de putere, dar tocmai mă pregătesc să plec în vacanţă." Bărbatul de la telefon nu renunţa uşor şi tot insista: „Nu, nu pleca. Lucrătorul acesta trebuie să se întâlnească cu tine!" Răspunsul lui m-a luat prin surprindere. Până la urmă, am căzut de acord să mă întâlnesc cu el la o cafenea, la ieşirea din oraş.

Am păşit înăuntru şi am aşteptat. În curând, şi-au făcut apariţia un tânăr însoţit de un gentilom mai în vârstă. De cum am început să vorbim, profetul m-a luat de mână şi a început să se roage şi să profeţească. La urmă, profetic, mi-a zis: „*Încotro te îndrepţi acum, Dumnezeu vrea să facă ceva cu tine. Are un plan şi un scop pentru asta. Nu te teme şi să nu-ţi fie frică.*" După rugăciune, i-am mulţumit, mi-am luat rămas-bun şi am plecat în vacanță la Santa Cruz.

Tot drumul până la Santa Cruz, m-am gândit la această profeție. Fiind familiar cu experiențele spirituale, înțelegeam că este un limbaj special al Duhului și felul în care Dumnezeu îmi vorbește. Tot ceea ce îmi doream era să mă odihnesc, dar cuvintele acelea profetice îmi stricau pacea! Nu mă puteam abține să nu mă gândesc la ele. Dacă Dumnezeu zicea „*Să nu-ți fie frică*!", înseamnă că urma să se întâmple ceva înfricoșător.

Nu sunt omul care să alerg după profeții; convingerea mea este că ar trebui să construim relații cu Duhul Sfânt. Și atunci când Dumnezeu vrea să spună ceva, va găsi o cale de a ajunge la tine. Întocmai ca în această întâmplare, eu nu îl căutasem pe profetul acela, ci mă găsise el. „Doamne," m-am rugat, „Tu știi că m-am așezat sub domnia Ta, așa că, orice s-ar întâmpla, vreau să se facă voia Ta!"

Demonii și Protectorul

Se făcuse târziu când, în sfârșit, am ajuns la casa noastră de vacanță. Toată lumea s-a dus glonț la culcare, numai eu nu puteam dormi. Singur în sufragerie, am deschis Biblia și am citit din ea. Am pierdut noțiunea timpului și, la un moment dat, am simțit că ceva începea să se întâmple în lumea spirituală din jurul meu. Când m-am ridicat de pe canapea, am simțit că atmosfera din jurul meu se schimba, devenea apăsătoare. Era o experiență similară celei în care Îl întâlnisem, pentru prima oară, pe Isus.

Cu fiecare suflare de-a mea, presiunea atmosferică creștea. M-am gândit: „Asta e! A început!" Cu cât mă apropiam de pat, cu atât aerul era mai apăsător și începusem să-l simt îngreunându-mi trupul. Am început să mă rog ca voia Domnului să se facă în toate lucrurile, indiferent de prețul cerut. În clipa în care m-am întins în pat, mi-am simțit trupul comprimat și, într-o clipită, mă aflam în aer. Am văzut de sus orașul, dar, apoi, totul s-a făcut nevăzut.

Deodată, ființe stranii au început să se ivească în văzduh, avansând cu repeziciune spre mine, dând să mă lovească. Erau demoni de diferite mărimi și forme. Duhoarea care emana dinspre ei era insuportabilă. Înfățișarea lor era de-a dreptul îngrețoșătoare! Demonii se iveau parcă de nicăieri, din ce în ce mai mulți, și veneau în fugă spre mine. Cu toate acestea, eu simțeam că Cineva mă apăra din spate. Nu puteam vedea cine era, dar, de fiecare dată când demonii se năpusteau asupra mea să mă atace, nu mă puteau atinge și ricoșau în zbor. Cel ce mă acoperea nu le dădea voie să-mi facă niciun rău. Diavolii se tot înmulțeau la număr și mă tot atacau, dar nu-mi puteau face nimic.

Dându-și seama că eforturile lor erau zadarnice, demonii au început să sâsâie și să scoată niște sunete anormale și stranii. Acum călătoresc în multe țări și știu ce erau acele zgomote. Odată, pe când slujeam în Africa, niște vraci au venit în afara hotelului nostru și, cât a fost noaptea de lungă, au aruncat vrăji asupra noastră, scoțând întocmai acele sâsâieli și incantații pe care le auzisem atunci la dracii aceia! Sunetele acelea erau menite să convoace alte duhuri rele, mai puternice.

Niște creaturi uriașe s-au ivit, undeva, în depărtare; erau de multe ori mai mari decât cele dinainte. La sosirea lor, atmosfera s-a întunecat și mai tare! Într-o clipită, au ajuns lângă mine și s-au năpustit asupra mea. Veneau cu duiumul și erau adevărate pocitanii. Fiecare dintre ele emana o duhoare groaznică și inducea o anumită teamă.

Am observat că pe umerii acestor demoni gigantici erau epoleți cu diverse ranguri ce le determinau puterea și ierarhia în lumea demonică. În furia lor, demonii s-au aruncat asupra mea, dar Cel ce mă acoperea cu El Însuși nu i-a lăsat să se apropie de mine – pur și simplu, au ricoșat înapoi. În momentul acela, am experimentat cu adevărat pasajul din Scriptură unde scrie: „*Cel ce este în voi este mai mare decât cel ce este în lume.*" Chiar dacă turbau de mânie, demonii aceștia nu-mi puteau face niciun rău!

Înțelegându-și inabilitatea de a mă atinge, au oprit atacul. Deodată, nişte obiecte strălucitoare, lucioase, au început să le apară în mâini. Folosindu-le ca arme pentru a-mi distrage atenţia, demonii mi le fluturau în faţa ochilor. Era incredibil de greu să-mi desprind privirea de la acele obiecte scânteietoare. Cu fiecare mişcare, frica mă strângea tot mai tare în cursa ei. Nu înţelegeam ceea ce mi se întâmpla şi am închis ochii.

Când m-am uitat din nou, eram în dormitorul meu. Încăperea avea un aer sinistru. Singurul lucru care mă împiedica să mă las cuprins de panică era cuvântul profetic care îmi venise prin profet, înainte de a se întâmpla toate acestea. Puteam avea încrederea că Dumnezeu era în spatele acestor lucruri. Am trezit-o pe Natasha şi i-am cerut să se roage cu mine. Cu respiraţia greoaie, am început să-i povestesc totul, repetând la nesfârşit: *„Nu mai vreau să îi văd, sunt nişte creaturi groaznice!"* Soţia mea este martoră la multe dintre experienţele mele supranaturale şi chiar a început să se obişnuiască cu ele. Îngrozit şi îngreţoşat cum eram, nu puteam desluşi mesajul din spate. Am început să-I cer lui Dumnezeu să-mi dea o explicaţie pentru toate cele întâmplate şi să mă scape de orice rău. În curând, pacea Lui mi-a umplut inima, m-am întins pe spate în pat şi, deodată, m-am făcut din nou nevăzut.

Fabrica

De astă dată, m-am pomenit într-o clădire enormă care părea nesfârşită. Structura se întindea cât de departe vedeam cu ochii. Semăna cu o fabrică uriaşă şi era plină de tot soiul de maşinării şi benzi rulante. Fiecare piesă de echipament era pornită, dar, dintr-un motiv neştiut, nu erau suficienţi muncitori; aşadar, cele mai multe maşini nu aveau operatori şi nu erau folosite. Cei câţiva muncitori care se aflau acolo încercau să se ocupe de toată munca, dar nu aveau cum să îndeplinească toate sarcinile. Era catastrofal să văd câţi lipseau. Volumul de lucru era atât de mare, dar numărul muncitorilor era atât de mic! Era nevoie nu de mii, ci de milioane de oameni!

Observam totul din văzduh, urmărindu-i pe acei muncitori care alergau de la o mașină la alta, dându-și toate silințele. Izbuteau să îndeplinească cât mai multe sarcini, strigând în același timp după ajutor. Fabrica ducea lipsă la modul serios de angajați. Și asta nu doar într-una dintre secțiuni - ci în toată clădirea! Dacă fiecare post ar fi avut un om la lucru, ar fi fost armonie și produse de calitate, fără eșecuri în proces, iar munca s-ar realiza cu eficiență, corect și la timp!

Benzile rulante erau pornite, mașinăriile la fel, era o cantitate uriașă de muncă, oamenii alergau de colo-colo și strigau: „Ajutor!" Capul a început să îmi vâjâie văzând nevoia de acolo. Am strigat: *„Doamne, unde sunt toți ceilalți? De ce sunt atât de puțini muncitori aici? De ce nu le vine nimeni în ajutor?"* Cât de ușor ar fi totul, dacă toți ar fi prezenți și fiecare și-ar face partea lui!

Interesant este că, în ciuda acelei larme, îmi puteam auzi foarte clar propriile gânduri: *„Doamne, pe cine cheamă? Cui cer ajutorul? Cui?"* Ca pentru a răspunde întrebării mele, mi-am întors capul și am văzut un coridor întins, de-a lungul căruia se plimba o persoană morbid de obeză. Individul acesta era, pur și simplu, umflat, de o mărime enormă. Auzea strigătele după ajutor, dar nu le băga în seamă. Mi-am zis: *„Tu cine ești, oricum?"*

În același moment, Duhul Sfânt a început să-mi vorbească și să-mi dea înțelegere. Locul pe care îl vedeam reprezenta munca în Împărăția Lui. Erau atât de puțini oameni care lucrau cu adevărat în Împărăția lui Dumnezeu. Nu mulți sunt aceia care capitulează înaintea domniei Duhului Sfânt ca să facă ceea ce este în inima lui Dumnezeu. Din păcate, mulți creștini nu caută voia lui Dumnezeu, ci își clădesc propria împărăție. Se folosesc de Dumnezeu, de darurile și de ungerea Lui ca să-și crească propriile lucrări și afaceri, construindu-și propriile nume și împărății.

Ratarea țintei

Persoana obeză îi simbolizează pe cei care aud cuvântul lui Dumnezeu predicat în fiecare duminică. Au devenit obezi de atâta cunoaștere și hrană spirituală. Aud chemarea la fiecare serviciu, aud vocea care strigă în pustie ca să pregătească calea pentru cea de-a doua venire a lui Isus Cristos – dar nu-și îndreaptă inimile spre împlinirea voii lui Dumnezeu și a lucrării în Împărăția Lui. Ei ignoră chemarea, producând suferință celorlalți lucrători. Între timp, pastorii și slujitorii continuă să hrănească oamenii cu noi revelații.

Domnul a continuat să-mi vorbească: *„Ți-am arătat și lumea spirituală și tacticile pe care diavolul le-a folosit împotriva poporului Meu în zilele din urmă."* Dumnezeu mi-a spus că multe duhuri demonice au fost descătușate cu un singur scop – să distragă poporul de la Dumnezeu. Cum pe mulți dintre credincioși nu îi pot atinge și răni, demonii se folosesc de diverse tactici ca să ne distragă atenția de la Dumnezeu. Inamicul este șiret, cu tacticile lui de a ne fura timpul și de a ne implica, cu dibăcie, în agitația diverselor activități. Aceste distracții fixează gândurile oamenilor asupra lumii vizibile, asupra comisioanelor și rutinei, asupra situațiilor de zi cu zi, astfel încât să nu aibă timp, energie sau dorința de a crește în cunoașterea lui Dumnezeu și de a petrece timp cu El. Satan vrea atenția noastră; dacă aceasta nu este îndreptată asupra lui Dumnezeu, întreaga noastră viață își ratează ținta.

Când am auzit aceste cuvinte, am deschis ochii și m-am găsit din nou în camera mea. Răsărea soarele. Mă durea tot trupul. Timp de mai multe zile, nu mi-am putut reveni din ceea ce văzusem. După experiența din acea noapte, am început să petrec mai mult timp în comuniune cu Duhul Sfânt. Dumnezeu a început să mă lumineze tot mai mult, dezvăluindu-mi tainele Împărăției Lui. Mă îmboldea în permanență să nu tac, ci să vorbesc despre ele pretutindeni.

Din păcate, diavolul a izbutit să distragă atenția multor credincioși de la Dumnezeu. Într-o zi, erau obosiți, apoi i-a luat plictiseala, apoi s-au mai relaxat puțin, au devenit distrași, s-au încălzit, au început să se implice în treburile altcuiva, și-au schimbat prioritățile și au devenit căldicei. Trebuie să înțelegi că, în spatele acestor lucruri, sunt demoni și duhuri necurate, care au fost descătușate cu scopul expres de a abate atenția oamenilor de la Dumnezeu. Astăzi, mulți creștini nici nu mai bagă de seamă cât de înstrăinați au ajuns de viața din Dumnezeu. Ei nu văd decât întunericul tot mai dens și lucrările diavolului. De aceea, simt teamă, îndoială, lâncezeală și oboseală spirituală.

Cu toate acestea, în lume are loc o întreagă mișcare a lui Dumnezeu. Sunt oameni care fac voia Tatălui, văd slava Lui, miracolele și mișcarea Duhului Sfânt! Ei pot auzi glasul lui Dumnezeu și umbla în puterea Lui. *Știi de ce este o asemenea diferență?* Atenția lor este îndreptată asupra Domnului și asupra lucrării Împărăției Sale! Ei se dedică lui Dumnezeu și sunt capabili să vadă ceea ce, din nefericire, alții au încetat să mai vadă.

Fiecare dintre noi suntem chemați de Dumnezeu să lucrăm în Împărăția Lui și fiecăruia ni se dă har potrivit darului lui Hristos pentru a zidi trupul Bisericii, astfel încât fiecare să-și poată îndeplini rolul și funcția pe acest pământ. Apostolul Pavel scrie în Efeseni:

> „Din El, tot trupul, bine închegat și strâns legat prin ceea ce dă fiecare încheietură, își primește creșterea potrivit cu lucrarea fiecărei părți în măsura ei și se zidește în dragoste." (Efeseni 4:16)

Nu vreau să fii înstrăinat de viața lui Dumnezeu. De aceea, să trăim astfel încât satana să nu ne facă rău, fiindcă nu suntem ignoranți asupra intențiilor lui.

CAPITOLUL 7.

Nemișcare

Satana a studiat omenirea de la început, căutând căi de a ne distrage de la planul lui Dumnezeu. Noi credem că diavolul ne ispitește cu lucruri care sunt, în mod evident, rele. Și totuși, el este șiret și se folosește de orice metodă ca să ne distragă. Adesea, lucrurile bune ne distrag atenția de la ceea ce este cu adevărat important. Diavolul urmărește să ne fure timpul! El depune efort pentru a ne fura timpul, făcându-ne să cheltuim minute și ore prețioase pe altceva, atâta timp cât suntem distrași de la lucrul principal. În propria-mi viață, separ în mod constant lucrurile bune de cele importante. *De ce ți s-a dat această măsură de timp?*

Resursa noastră cea mai de preț: Timpul

Timpul este o resursă atât de importantă! Este unul dintre lucrurile cele mai de preț pe care le avem, pentru că proprietatea timpului există doar aici, pe pământ. Doar tărâmul fizic are un continuum timp-spațiu. Vreau să observăm acest fapt: nu putem controla timpul, îl putem doar gestiona. Toată viața noastră și tot destinul nostru este conectat la măsura timpului nostru aici, pe pământ. Cât de departe vom merge și ceea ce vom realiza în viață depinde de cum ne administrăm timpul.

Gândește-te puțin; ce regretă oamenii, de obicei, în ultimele clipe ale vieții? Ce anume cer ei? În mod normal, spun sau gândesc: *„Doamne, vreau să trăiesc. O, dacă aș mai avea puțin timp, aș putea schimba atât de multe!"*

Atunci când ajung în ultimele momente ale vieții, oamenilor nu le mai pasă de lucrurile materiale, de case și mașini de lux, ori de vanitatea lumii acesteia și de „like"-urile primite pe social media. Sunt ocupați cu altfel de gânduri: timpul care nu poate fi dat înapoi și relațiile lor, cu Dumnezeu și cu alți oameni. Toate pe acest pământ au legătură cu *timpul* și *relațiile.*

A existat un moment când Duhul Sfânt mi-a vorbit: *„Ia aceste lucruri care sunt valoroase și păstrează-le înaintea ochilor tăi toată viața ta."* Timpul este unicul lucru care nu se oprește niciodată în viața ta, ci ticăie fără încetare. Sunt convins că doar atunci când pășim în eternitate, vom putea înțelege pe deplin valoarea timpului.

Să folosim corect timpul

Dumnezeu a predeterminat începutul și sfârșitul vieții tale și ți-a dat dreptul de a hotărî cum să-ți petreci viața. În cartea Faptele Apostolilor este scris:

> El a făcut ca toți oamenii, ieșiți dintr-unul singur, să locuiască pe toată fața pământului; le-a așezat anumite vremuri și a pus anumite hotare locuinței lor, ca ei să caute pe Dumnezeu și să se silească să-L găsească bâjbâind, măcar că nu este departe de fiecare din noi. (Fapte 17:26)

Dumnezeu nu este departe de niciunul dintre noi și dorește să-L simțim. Vrea să ne atragă spre El. Doar în prezența Lui vom putea să ne uităm dincolo de noi înșine și să înțelegem valoarea timpului pe pământ, aducând astfel roade la timpul potrivit. Din păcate, mulți creștini nu își dau seama cine sunt și ce au de făcut. Își irosesc viețile fiind peste tot și nicăieri în același timp – cu zero rezultate și zero productivitate.

În Psalmi, David scrie despre importanța rodirii la timpul potrivit

(Psalmii 1:2-3). Dar persoana care aduce roade în fiecare aspect al vieții nu o face pentru că dispune de mai mult timp, ci pentru că face ceea ce trebuie să facă!

Iată cum înțeleg eu viața creștină: cunoști glasul lui Dumnezeu, vii la El, El îți vorbește și tu faci ceea ce spune El. Atunci când asculți de glasul Lui, urmează și succesul – și vei vedea un cer deschis și o revărsare a puterii Sale. Am înțeles că succesul vine atunci când cunoști voia Lui și faci ceea ce îți spune El. Dacă am înțelege cu adevărat valoarea timpului pe care Dumnezeu l-a încredințat fiecăruia spre gestionare, nu am mai irosi această resursă prețioasă și limitată. *Cât de vital este să aducem rod la timp!*

Cu cât mai puțin îți cunoști scopul, cu atât mai ușor este să fii distras de la el. Iată ce am observat eu: este posibil să trăiești viața altcuiva în măsura ta de timp și să ratezi scopul intenționat de Dumnezeu pentru viața ta. Altfel spus, este posibil să fim atât de controlați de cuvintele și opiniile altor oameni, încât să ajungem să trăim pentru a fi pe placul altora, ratându-ne propria chemare. Cu toate acestea, nu vei mai primi încă o șansă de a-ți trăi *propria* viață. Diavolul a izbutit să mute atenția multora astfel încât să fie dependenți de aprobarea și de opiniile celor din jurul lor, uitându-se în permanență la ceea ce fac alții. Este înfricoșător să-ți trăiești viața în afara scopului tău!

Cu cât îți cunoști mai bine scopul, cu atât vei începe să-ți prețuiești timpul și să te eliberezi de tot ceea ce te distrage de la țelul tău. Aici sunt incluse anumite activități, lucruri și chiar și anumiți oameni. Vei începe să înțelegi că diavolul se poate folosi chiar și de oamenii din mediul tău și chiar și de lucruri bune ca să te abată de la menirea ta.

Un sacrificiu acceptabil

Apostolul Pavel scrie în epistola lui către romani:

> Vă îndemn dar, fraților, pentru îndurarea lui Dumnezeu, să aduceți trupurile voastre ca o jertfă vie, sfântă, plăcută lui Dumnezeu; aceasta va fi din partea voastră o slujbă duhovnicească. Să nu vă potriviți chipului veacului acestuia, ci să vă prefaceți prin înnoirea minții voastre, ca să puteți deosebi bine voia lui Dumnezeu: cea bună, plăcută și desăvârșită.
> (Romani 12:1-2)

Ca să cunoaștem voia lui Dumnezeu, trebuie să nu ne conformăm acestui veac, ca să ne putem aduce trupurile ca o jertfă vie. *Întrebarea este: ce este considerat a fi o jertfă, un sacrificiu?*

Ceva ce nu te costă nimic nu poate fi considerat un sacrificiu. De fiecare dată când se vorbește despre sacrificiu, se presupune să renunți la ceva ce este valoros și de preț. Să ne uităm la sacrificiul lui Isus. Tatăl Și-a dat Fiul, ceea ce avea mai de preț, ca să răscumpere omenirea. Dacă Dumnezeu ar putea să ne răscumpere, pe noi și toate planetele, stelele și tot universul, ar face-o! Însă, pentru răscumpărarea sufletului meu, a trebuit să aibă loc o plată egală. Oamenii sunt fii și fiice ale lui Dumnezeu, făcuți după chipul și asemănarea Lui, astfel Dumnezeu a trebuit să sacrifice ceva ce are un preț echivalent, dându-Și Fiul pentru a ne cumpăra înapoi ca fii și fiice. Acum că tranzacția s-a încheiat, ni s-a redat poziția de fii și fiice. Sacrificiul acesta L-a costat totul; costul a fost El Însuși.

O persoană care și-a stabilit un țel, va sacrifica și se va disciplina astfel încât să-și atingă țelul. Este foarte important să știi că lucrurile în care îți investești timpul vor fi sursa ta de cunoaștere. Dacă scopul tău este să-L cunoști pe Dumnezeu, atunci ai nevoie să înveți cum să înlături distracțiile și ocupațiile care sunt mereu acolo și să depui toate eforturile pentru a cunoaște cine este Dumnezeu - investindu-ți timpul în ceea ce are o valoare eternă. În cartea Psalmilor, este scris: *„Opriți-vă și să știți"* (Psalmul 46:10). Acesta va fi mereu războiul dintre două lumi; pentru că ești sclavul a ceea ce te controlează.

Vreau să te uiți la viața lui Isus. El Și-a oferit trupul ca o jertfă vie, nu doar pe cruce, ci, pentru toată măsura de timp pe pământ, S-a dedicat total Tatălui. *Cum putem urma exemplul Lui?* Adu-ți trupul ca o jertfă vie pe toată durata vieții tale, nu pentru a-ți împlini propriile dorințe, ci pentru a cunoaște și a împlini voia lui Dumnezeu. Asta implică faptul că nu te vei conforma acestei lumi. Lumea vizibilă sau veacul acesta are o cultură proprie, valori și un stil de viață specifice și așa mai departe. Da, tot ceea ce se vede este o realitate - dar este temporară și, tocmai de aceea, nu ar trebui să ne conformăm ei niciodată. Realitatea tărâmului nevăzut, însă, este eternă!

Apostolul Pavel scrie următoarele:

> Nu știți că trupul vostru este Templul Duhului Sfânt care locuiește în voi și pe care L-ați primit de la Dumnezeu? Și că voi nu sunteți ai voștri? Căci ați fost cumpărați cu un preț. Proslăviți dar pe Dumnezeu în trupul și în duhul vostru, care sunt ale lui Dumnezeu. (1 Corinteni 6:19-20)

Avem nevoie să-L căutăm pe Dumnezeu și să ne conectăm cu Duhul Lui; abia atunci vom putea să ne vedem viețile prin ochii Lui și să ne îndreptăm timpul către lucrurile eterne. Doar El cunoaște planurile pe care le are pentru noi, acelea de a ne da un viitor și o nădejde, de aceea doar El ne poate îndrepta viețile „pe cărări drepte, din pricina Numelui Său" (Psalmul 23:3).

Un sacrificiu adevărat

Eu însumi am început să fac paşi radicali pentru a-mi atinge scopul de a-L cunoaşte pe Dumnezeu. De aceea, în plus pe lângă relaţia zilnică pe care o aveam cu Dumnezeu, în fiecare lună îmi puneam deoparte câteva zile în care să ies din oraş ca să petrec timp singur cu Dumnezeu. Mă încuiam în vreo cameră de hotel şi îmi petreceam timpul în Cuvânt şi în închinare. La început, nu am observat cine ştie ce diferenţă, dar am continuat, totuşi, să investesc timp în relaţia mea cu Dumnezeu. Am învăţat cum să-mi detaşez gândurile de lumea vizibilă şi să stau în prezenţa Lui, pentru a-L cunoaşte pe Dumnezeu şi voia Lui. Am făcut lucrul acesta cu regularitate timp de mulţi ani şi, de fapt, îl mai fac şi acum. Este întotdeauna un timp grozav petrecut împreună cu Dumnezeu. Sunt flămând după mai mult din El!

Îmi aduc aminte cum, cu ani în urmă, eu şi soţia mea treceam printr-o perioadă foarte grea din punct de vedere financiar; nu aveam bani deloc. Oamenilor din jurul meu li se părea o nebunie să-mi cheltui banii pe o cameră de hotel, lună de lună, doar pentru a fi singur cu Dumnezeu, când familia mea o ducea atât de greu. Dar, apoi, ni s-a născut primul copil şi mi s-a spus că ar fi mai bine să cheltui banii aceia pentru nevoile sale. Da, acţiunile mele păreau lipsite de logică, dacă le priveai dintr-o perspectivă generală, pentru că acestea erau priorităţile şi valorile generaţiei mele. În ochii altora, nu era cinstit faţă de familia mea; eu, însă, simţeam o nevoie atât de adâncă să am acel timp de solitudine cu Duhul Sfânt în Cuvântul Lui, tocmai pentru că viitorul meu şi al familiei mele depindea de el.

Au fost dăţi când am fost nevoit să iau bani cu împrumut de la prieteni doar ca să pot închiria acea cameră de hotel şi să plec pentru două-trei zile de singurătate cu Dumnezeu. Nu puteam explica sentimentul puternic pe care îl aveam că aceasta nu era o risipă de bani, ci o investiţie eternă în destinul meu. Spuneam: „*Doamne, sunt atât de îndrăgostit de tine încât sunt dispus să plătesc orice preț. Tu ești posesiunea mea cea mai de preț, prioritatea și comoara mea. Vreau să fiu transformat de Tine și gata să slujesc pe oricine."* Atunci când dragostea pentru oameni – chiar și față de cei apropiați – întrece dragostea de Dumnezeu, începi să slujești la doi stăpâni. Este ceva imposibil, de aceea vei ajunge să-l iubești pe unul și să-l urăști pe celălalt. Am înțeles că, atunci când Îl iubești pe Dumnezeu cel mai mult, vei putea să îți iubești și soția, copiii și pe toți ceilalți oameni.

Într-unul dintre aceste momente lunare de refugiu, mi-am petrecut noaptea în prezența lui Dumnezeu, citind din Cuvântul Lui. Când am ajuns la pasajul din evanghelia după Ioan, unde scrie că *„Adevărat vă spun, dacă un bob de grâu nu cade la pământ și moare, rămâne singur; dar, dacă moare, aduce multă roadă,"* Duhul Sfânt m-a oprit. Deodată, am simțit o schimbare în atmosfera din cameră și locul s-a umplut de o prezență cerească. Duhul Sfânt mi-a spus: „Adu-ți aminte de tatăl tău." Tatăl meu murise într-un accident de motocicletă, la vârsta de 35 de ani. Cei ce îl cunoscuseră spuneau că fusese un om extraordinar, care avusese o relație strânsă cu Dumnezeu. Mi s-a spus că tatăl meu obișnuia să spună: „Lucrarea mea este familia mea." Se ruga mult, sacrifica mult și slujea oamenii. Duhul Sfânt mi-a spus: „Tu ai pășit într-o etapă a lucrării pentru care nu ai trudit. Tatăl tău a fost sământa care a fost semănată, pentru ca tu să ai viață în tine. El a devenit bobul acela de grâu pentru ca tu să poți avea ceea ce ai acum."

Faptul că am auzit aceste cuvinte a fost de o importanță vitală pentru mine. Am fost uluit. Tot trupul îmi tremura datorită prezenței puternice a lui Dumnezeu și am început să mă rog: *„Doamne, mă predau cu totul Ție și îți promit că voi rămâne în Cuvântul Tău până la ultima suflare. Vreau ca Cuvântul Tău să se întrupeze în mine. Nu vreau să-mi predic gândurile și opiniile, ca să impresionez pe cineva. Îți promit că voi fi glasul Tău până la ultima mea suflare și că îmi voi trăi viața pentru o altă generație, astfel încât voia Ta să se facă, precum în cer, așa și pe pământ."* Mi-am dedicat viața Lui, ca să fiu cu El și să fac tot ceea ce spune El. M-am dat cu totul

Domnului ca sclav.

Chiar și acum, în toiul agendei mele încărcate cu tot felul de călătorii, continuu să-mi pun deoparte un timp în care să mă rup de tot freamătul, ca să petrec timp de calitate, singur, cu Dumnezeu, dedicându-mă cu totul Lui. Timp de mulți ani, m-am învățat cum să mă deconectez de lumea vizibilă ca să-mi pot concentra toată atenția asupra tărâmului spiritual și să nu mă conformez sistemelor lumii acesteia. Construisem acest fundament al timpului solitar cu Dumnezeu cu șapte ani înainte de a începe să călătoresc în scopurile lucrării. În călătoriile mele, folosesc aceeași metodă și aceleași principii – îmi rezerv timp ca să-L caut pe Dumnezeu în timp ce stau în camera de hotel. Uneori, în aceste călătorii, reușesc să petrec mai mult timp cu Dumnezeu ca de obicei. Pentru mine, rugăciunea nu înseamnă atât de mult cuvinte, cât o stare a ființei și un timp separat cu Dumnezeu.

Timpul: un indicator al dragostei

Timpul este singurul indicator al faptului că Dumnezeu are cea mai mare valoare în viața ta. Dacă cariera ta este importantă pentru tine, îți vei investi timpul în ea. Dacă îți iubești soția, nu te vei mulțumi doar să-i aduci flori, ci vei petrece timp cu ea. Dai din timpul tău pentru o relație cu persoana pe care o iubești și care este importantă pentru tine. Același principiu se aplică și în relația cu Dumnezeu: timpul pe care îl dai pentru a fi cu El arată cât de mult I te dedici. Timpul este un indicator al dragostei tale. Dacă spui că-L iubești pe Dumnezeu, dar nu investești timp în relația cu El, atunci pot să-ți spun că nu ai cine știe ce dragoste pentru Dumnezeu.

Din păcate, sunt mulți oameni care au avut anumite experiențe cu Dumnezeu, dar au încetat să mai crească în El. Prieteni, să nu ne oprim, ci să înaintăm în Dumnezeu și să ne lăsăm luminați tot mai mult de El. Examinează-ți inima; este posibil să iubești mai mult lucrurile care vin *de la* Dumnezeu, decât pe El. Avem nevoie să Îl dorim pe Acela care vindecă și face minuni, mai mult decât dorim vindecările și miracolele însele. Dacă Îl iubești cu adevărat pe Dumnezeu, vei investi timp în relația cu El.

El Și-a demonstrat dragostea față de noi plătind prețul și aducând sacrificiul suprem, pe Sine. Și cu cât învățăm mai multe despre cine este Dumnezeu și care sunt dorințele Lui, cu atât imaginea lui Dumnezeu va fi mai puternică și mai corectă în noi. Dacă o persoană Îl iubește cu pasiune pe Dumnezeu, ea va avea o cunoaștere a Lui. În circumstanțele în care te afli, te vei încrede în Dumnezeu tot atât de mult pe cât Îl cunoști personal – nici mai mult, nici mai puțin. De aceea, eu caut în permanență să mă separ și să-mi investesc timpul în cunoașterea voii lui Dumnezeu, care este bună, plăcută și desăvârșită.

Prieteni, eu știu cu certitudine că Domnul poate să ia un om de rând, dintr-un sat obscur, care nu are conexiuni și nici mult ajutor, și să I se descopere și să îl folosească în planul Lui. Dacă te dedici lui Dumnezeu cu toată ființa ta, Îl vei găsi! El nu este departe și nu are favoriți, dar oricine vrea să-L găsească trebuie să-L caute și să I se ofere ca o jertfă vie. Te încurajez să îți adâncești relația cu Dumnezeu, în fiecare zi.

Eu am renunțat la viața mea ca să o găsesc în El, în valorile Lui și în plinătatea Lui. Îi pot spune cu adevărat: *„Doamne, Tu ești temelia mea; Tu ești victoria mea; Tu ești cu adevărat Fiul lui Dumnezeu; Tu ești cea mai mare valoare din viața mea!”*

CAPITOLUL 8.

Luptă

Am împărtăşit, în capitolul anterior, despre călătoria mea în Santa Cruz şi despre cum Dumnezeu m-a răpit în duh ca să-mi arate tacticile satanei din lumea spirituală. Am văzut mulţi demoni care erau trimişi să ne distragă atenţia de la Dumnezeu, să ne seducă cu lucrurile acestei lumi, să ne facă inutili în gândurile noastre şi să ne împiedice să aflăm voia lui Dumnezeu. Oamenii ajung să fie atât de distraşi încât nu mai au timpul, energia sau dorinţa de a fi singuri cu Dumnezeu – iar rezultatul este că mulţi creştini nu află niciodată care este rostul lor sau voia lui Dumnezeu pentru viaţa lor.

Se dă un război

Diavolul urmăreşte să obţină atenţia ta. Pentru aceasta, se foloseşte de tot ceea ce este vizibil, de diferite metode şi căi de a-ţi fura timpul şi atenţia şi de a te distrage de la cunoaşterea adevărului. El ştie că adevărul aduce lumină şi eliberare oamenilor. Cine vede adevărul şi se întoarce la planul originar al lui Dumnezeu, începe să slujească scopurilor lui Dumnezeu pe pământ, punând astfel în pericol împărăţia inamicului. Prin urmare, diavolul îşi propune să distragă oamenii şi să-i împiedice să ajungă la adevăr. Isus a avertizat că, în zilele din urmă, inimile oamenilor vor fi mistuite de beţie, de îmbuibare şi de grijile vieţii (Luca 21:34). Altfel spus, grija excesivă pentru viaţa aceasta şi vanitatea sunt duşmanii chemării noastre! Aceste lucruri stau în calea cunoaşterii lui Dumnezeu.

Acesta este motivul pentru care am început să ies, în fiecare lună, din oraş – să mă deconectez de ocupaţiile de zi cu zi şi să mă conectez cu Dumnezeu, dându-I Lui toată atenţia mea şi umplându-mă cu cunoaşterea voii Lui. În zilele acelea, Dumnezeu a început să aducă şi mai multă lumină modului meu de a gândi şi să-mi descopere tainele Împărăţiei Sale.

Se dă un război aprig pentru chemarea ta. Dumnezeu are planuri pentru tine, dar şi diavolul are. O persoană este, în primul rând, o fiinţă spirituală, aflându-se în permanenţă sub influenţa lumii spirituale. Indiferent dacă o înţelegi sau nu, lumea spirituală îţi afectează în permanenţă lumea lăuntrică. Există o încleştare între două stăpâniri – Împărăţia luminii şi împărăţia întunericului.

Intenţiile lui Dumnezeu pentru viaţa ta sunt bune, adevărate şi eterne; El vrea să-ţi dea un viitor şi o nădejde. Ai fost creat după chipul şi asemănarea lui Dumnezeu, ca o reprezentare a naturii şi esenţei lui Dumnezeu Însuşi! El vrea să ţi Se descopere şi să Se descopere altora prin tine. Încă dinainte de crearea lumii, ai existat în mintea lui Dumnezeu şi ai făcut parte din planul Lui. În cartea Ieremia stă scris:

> „«Căci Eu ştiu gândurile pe care le am cu privire la voi», zice Domnul, «gânduri de pace, şi nu de nenorocire, ca să vă dau un viitor şi o nădejde».” (Ieremia 29:11)

Încă din veşnicie, Dumnezeu a rostit acest scop al Lui pentru viaţa ta şi acesta este motivul pentru care te-ai născut.

Cu toate acestea, şi satana are planuri în dreptul tău. El este duşmanul sufletului omului, iar planurile lui sunt rele. În evanghelia după Ioan este scris: „Hoţul nu vine decât să fure, să înjunghie şi să prăpădească” (Ioan 10:10). Diavolul se luptă ca să îţi distrugă destinul şi viaţa. El nu a inventat nimic nou; armele lui sunt minciunile, înşelăciunea şi defăimarea, iar intenţiile lui sunt aceleaşi - să fure, să omoare şi să distrugă. Satana se foloseşte de imaginea şi duhul lumii acesteia ca să îţi influenţeze gândirea şi să îţi impună valori false. Astfel, îi împiedică pe mulţi creştini să ajungă la adevăr şi interferează cu planul lui Dumnezeu pentru vieţile lor.

Alegerea noastră: Arma noastră

Oamenii au voinţă liberă. Este extraordinar că Dumnezeu ne încredinţează dreptul de a alege: de a dori voia Lui sau de a rămâne sub principiile acestei lumi. Cu cât Îl cunoaştem mai mult pe Dumnezeu, cu atât înţelegem mai mult intenţiile Lui cu vieţile noastre. Dacă timpul este considerat a fi cea mai de preţ comoară, atunci alegerea liberă este arma cea mai redutabilă încredinţată oamenilor.

Orice armă creată de oameni are o putere şi o tărie diferită - întocmai precum alegerea pe care o face o persoană. Însă, până şi cea mai puternică armă, bomba atomică, nu va funcţiona dacă nu este apăsat butonul de lansare. De aceea, utilizarea armelor este asociată cu alegerea ori decizia personală. Alegerea pe care o face o persoană determină ceea ce se întâmplă în continuare; şi fiecare alegere are o putere mare. Ţine minte acest lucru: în viaţă, fiecare decizie pe care o iei şi fiecare alegere pe care o faci este o armă plină de putere!

Alegerile tale se corelează direct cu valorile şi modul tău de gândire. Este foarte important să înţelegi acest adevăr; alegerea pe care o faci este determinată de ceea ce este, pentru tine, valoarea supremă. Una dintre tacticile diavolului este să ne înmoaie inima în valori temporare, căpătând astfel influenţă asupra alegerilor şi deciziilor noastre. Duhul lumii acesteia mobilizează toate imaginile şi sistemele vizibile ale lumii ca să ne capteze şi să ne captiveze atenţia. Din păcate, cei mai mulţi creştini au devenit atât de confuzi în gândirea lor, încât valorile temporare au devenit prima prioritate în vieţile lor. Acolo unde sunt valorile tale, acolo este comoara ta – și acolo îți va fi și inima; acelea vor fi zonele în care vei investi cea mai mare parte a timpului și a eforturilor tale. Oprește-te și gândește-te o clipă. *Unde ți se duce timpul și ce valori ai în inima ta?*

Din mintea lui Dumnezeu

Odată, Domnul i-a spus profetului Ieremia: „Mai înainte ca să te fi întocmit în pântecele mamei tale te cunoșteam și mai înainte ca să fi ieșit tu din pântecele ei, Eu te pusesem deoparte și te făcusem proroc al neamurilor" (Ieremia 1:5). Iată dovada că, încă dinainte de a fi conceput, Dumnezeu îl pusese deoparte pe Ieremia și îl făcuse un profet al națiunilor. Dumnezeu îți spune și ție același lucru, azi! Înainte de a te forma în uterul mamei tale, ai existat în mintea și în designul Lui. Încă dinainte de a te naște, Dumnezeu te-a cunoscut și te-a predestinat să devii răspunsul pentru generația ta.

David scrie în Psalmi: „Tu mi-ai întocmit rărunchii, Tu m-ai acoperit în pântecele mamei mele" (Psalmul 139:13, traducere literală din engleză, n.t.). Cu alte cuvinte, lumea spirituală influențează formarea unei persoane încă de la bun început. În continuare, spune: „Când nu eram decât un plod fără chip, ochii Tăi mă vedeau și în cartea Ta erau scrise toate zilele care-mi erau rânduite, mai înainte de a fi fost vreuna din ele" (Psalmul 139:16). Chiar dacă o femeie concepe și dă naștere unui copilaș, autorul vieții acelui copilaș este Dumnezeu! În El este ascuns adevăratul scop al vieții tale pe acest pământ.

Este foarte important să înțelegem că există un război spiritual și o lume fizică vizibilă; dar în interiorul fiecărei persoane are loc o integrare a lumii spirituale și a celei fizice. Lumea spirituală afectează lumea lăuntrică a unei persoane – care este perspectiva acesteia asupra lumii, modul ei de gândire, interesele și valorile ei. Lumea lăuntrică a unui om este, de asemenea, câmpul de luptă al lumii spirituale, pentru că, pornind din lumea sa lăuntrică, o persoană creează lumea vizibilă.

Lumea lăuntrică a omului este comparabilă cu un „pântece" spiritual, în care sămânța cade și se nasc toate lucrurile vizibile. Gândește-te la asta: tot ceea ce se vede a venit din ceea ce nu se vede. Procesul acesta este similar nașterii unui copil: o sămânță pătrunde în pântece, ea zămislește viață și apoi copilașul este format și născut în lume. Principiul acesta este cât se poate de spiritual. Dacă ne uităm la lucrurile pe care le folosim în lumea fizică, ne vom da seama că, la un moment dat, ele au fost doar un gând în mintea cuiva! Până la urmă, gândul acela a devenit realitate. Un scaun, un telefon, o mașină, un avion – și toate celelalte lucruri au fost, la un moment dat, doar idei, care au avut un scop. O persoană mai întâi acceptă un gând și apoi îl transformă într-o idee, creând o imagine vizibilă în mintea ei. Consecința în lumea vizibilă este că acea persoană începe să creeze imaginea pe care o vede în mintea ei.

Acum, gândește-te la faptul că, înainte de crearea lumii, ai existat în mintea lui Dumnezeu. El te-a văzut în mintea Lui înainte de a începe să te modeleze, să te formeze și să te țeasă laolaltă; El a pus în tine tot ceea ce urma să ai nevoie ca să-ți împlinești scopul pe pământ. De aceea, începutul tău nu a fost în pântecele mamei tale, ci în Dumnezeu Însuși. Procesul acesta este, cu adevărat, extraordinar!

Pune capăt distragerilor

Măsura de timp încredințată ție și scopul tău joacă un rol important în planul lui Dumnezeu. De aceea, se dă o mare bătălie pentru chemarea ta. De cum se naște cineva pe lume, toate forțele duhului lumii acesteia se îndreaptă spre împiedicarea acelei persoane de la împlinirea chemării sale divine. *Cum?* Captivându-i atenția și distrăgând-o de la scopul ei. Oamenilor le vine foarte greu să se oprească din ocupațiile lor, să-și înnoiască mintea și să afle care este voia Creatorului lor.

După cum am amintit adineauri, există duhul lumii acesteia, Duhul lui Dumnezeu și omul, care este o ființă spirituală și trăiește într-un corp fizic pe pământ. Duhul lumii acesteia poartă învățătura lumii și influențează modul de gândire al omului după chipul ei, după valorile și cultura acesteia. Pe această cale, diavolul servește oamenilor valori false. În cea mai mare parte, suntem influențați de societatea noastră, care este preocupată de freamătul și agitația vieții. Până și cei crescuți într-un mediu religios au deja un mod de gândire deja format de reguli și tradiții stricte.

Indiferent de ceea ce ne-a influențat modul de gândire și valorile, cu toții avem nevoie de înnoirea minții noastre și de iluminare. În lipsa acesteia, nu vom putea înțelege planul lui Dumnezeu pentru viețile noastre. Biblia spune:

> „Și noi n-am primit duhul lumii, ci Duhul care vine de la Dumnezeu, ca să putem cunoaște lucrurile pe care ni le-a dat Dumnezeu prin harul Său." (1 Corinteni 2:12)

Duhul lui Dumnezeu poartă cu sine învățătura Împărăției lui Dumnezeu și vrea să ne reveleze valorile Sale veșnice, să ne aducă eliberare, să ne înnoiască gândirea și să modeleze în noi mintea lui Hristos. Cu toate acestea, este întotdeauna alegerea și decizia noastră ce fel de învățătură primim în viața noastră!

Nu uita: pentru a cunoaște lucrurile lui Dumnezeu, ai nevoie să te poți opri și să stai liniștit (Psalmul 46:10)! Cunoașterea și iluminarea se corelează cu timpul petrecut, de aceea timpul tău are mare importanță. Acolo unde îți investești timpul, acolo va fi cunoașterea ta. De aceea, apostolul Pavel ne învață să nu ne conformăm chipului veacului acestuia, ci să ne oferim trupurile ca jertfe vii, sfinte și acceptabile înaintea lui Dumnezeu (Romani 12:1-2). Dragilor, nu mai sunteți ai voștri înșivă, ci ați fost cumpărați cu sângele scump al lui Hristos.

Isus a spus:

„Voi sunteţi lumina lumii. O cetate aşezată pe un munte nu poate să rămână ascunsă. Şi oamenii n-aprind lumina ca s-o pună sub obroc, ci o pun în sfeşnic şi luminează tuturor celor din casă. Tot aşa să lumineze şi lumina voastră înaintea oamenilor, ca ei să vadă faptele voastre bune şi să slăvească pe Tatăl vostru, care este în ceruri." (Matei 5:14-16)

Ai fost gândit pentru lucrări bune, pentru a aduce lumina şi cultura Împărăţiei lui Dumnezeu în această lume. Dumnezeu te-a rânduit să fii lumina şi răspunsul pentru mulţi oameni.

Puterea atracţiei vizibile

Dumnezeu mi-a descoperit principiile şi cheile care descuie chemarea mea şi cred că ele vor fi o binecuvântare şi pentru tine. Am văzut că tot ceea ce este vizibil are o forţă de atracţie. Există o lege a gravitaţiei, care presupune efectul gravitaţiei în orice punct din spaţiu. Dar doar în imediata vecinătate a unui obiect de mari dimensiuni atracţia este foarte puternică şi observabilă. Să ne uităm la acest exemplu: pământul şi soarele. Forţa gravitaţională a pământului are o sferă de influenţă foarte amplă, astfel încât cu cât un obiect este mai aproape de pământ, cu atât forţa gravitaţională a pământului va fi resimţită mai puternic. Cu toate acestea, gravitaţia pământului slăbeşte pe măsură ce obiectul se îndepărtează de planetă. În plus, există o puternică atracţie gravitaţională a soarelui, care trage şi menţine pământul pe orbita lui. Vorbim acum despre distanţe imense. Cu cât obiectul este mai aproape de soare, cu atât atracţia soarelui asupra acelui obiect va fi mai puternică.

Duhul lui Dumnezeu mi-a descoperit că există un prototip spiritual în legea gravitației, în care tot ceea ce este vizibil are putere de atracție. Cu cât o persoană acordă mai multă atenție lucrurilor care se văd, cu atât forța gravitației din lumea vizibilă are o influență mai puternică asupra ei. Diavolul știe acest lucru și, de aceea, folosește imaginile acestei lumi și toate sistemele ei ca să împiedice oamenii să capete perspectiva veșniciei și a adevărului.

Dumnezeu mi-a arătat acest fapt: cu cât investesc mai puțin timp în relația cu El, cu atât forța gravitațională devine mai puternică – atracția lumii vizibile devine mai mare în viața mea. Biblia numește acest lucru „trăire după fire": „Dacă trăiți după îndemnurile firii, veți muri, dar, dacă, prin Duhul, faceți să moară faptele trupului, veți trăi" (Romani 8:13). Atunci când trăiesc conform naturii mele păcătoase și mă îndeletnicesc cu lucruri carnale, voi fi captivat de lumea vizibilă și de valorile ei. Și cu cât voi fi mai prins în această vanitate, cu atât această lege a atracției va deveni mai puternică în viața mea, adică în viața pe care o trăiesc în fire. Diavolul vrea să ne țină cu această putere a atracției vizibilului astfel încât să nu ne putem elibera și să nu ne vedem pe noi înșine prin ochii lui Dumnezeu.

Acesta este motivul pentru care m-am învățat să mă opresc din freamătul, alergarea și grijile acestei lumi și să-mi deconectez atenția de la tot ceea ce este vizibil pentru a putea investi timp în ceea ce este veșnic, dezvoltându-mi relația cu Duhul Sfânt. Abia atunci viața cărnii și toate lucrurile vizibile au început să-și piardă puterea asupra vieții mele și am devenit mai atras de lumea lui Dumnezeu și de viața în Duhul Sfânt. Am început să privesc multe lucruri din perspectiva veșniciei. Prieteni, este extrem de important să învățăm să ne oprim și să ne liniștim și să ne investim în cunoașterea lui Dumnezeu. Nu uita, ești sclavul a ceea ce te controlează.

Există o lumină adevărată care se coboară din cer și luminează pe orice ființă omenească. Doar în lumina Lui suntem iluminați și cu cât lumina Lui este mai strălucitoare în viața noastră, cu atât va exista mai puțin întuneric acolo. În lumina lui Dumnezeu, am început să observ lucruri pe care diavolul le foloseşte ca să mă împiedice de la destinul meu. Cu cât petreceam mai mult timp cu Dumnezeu, cu atât începeam să acţionez în stăpânire din lumea spirituală asupra lumii fizice.

Învaţă-te să petreci timp singur cu Dumnezeu şi să locuieşti în El. Atunci vei putea să aduci multă roadă şi, astfel, slavă Tatălui, iar lumea vizibilă îşi va pierde puterea de fascinaţie asupra sufletului tău. În viaţa mea, lucrurile s-au petrecut astfel: prin cunoaşterea lui Dumnezeu, am început să distrug lucrările diavolului şi să dau în vileag minciunile, metodele, structura de guvernare şi influenţa lui. Iar Dumnezeu încă îmi întăreşte mâinile pentru luptă, din ce în ce mai mult (Psalmii 18:34).

Te rog, nu uita că se dă o mare bătălie spirituală pentru chemarea ta, pentru că viaţa ta are un scop special în planul lui Dumnezeu, iar acest scop este ascuns în El. Eşti chemat să afli intenţiile Lui şi să devii răspunsul pentru generaţia ta. Prin cunoaşterea voii lui Dumnezeu, vei putea să eliberezi oamenii din robia minciunilor. La rândul lor, aceştia, cunoscând adevărul, vor începe să împlinească voia Tatălui pentru ei înşişi şi să îi influenţeze şi pe alţii, aducându-i la lumina lui Dumnezeu. Astfel, Împărăţia lui Dumnezeu, aidoma drojdiei, va începe să fermenteze şi să umfle tot aluatul.

CAPITOLUL 9.
Chemare

Cu cât m-am dat mai mult lui Dumnezeu și am petrecut mai mult timp cu El, cu atât Duhul lui Dumnezeu m-a luminat, arătându-mi, ca o panoramă spirituală, planul lui Dumnezeu. Odată, Isus le-a vorbit ucenicilor Săi astfel: „Rugați dar pe Domnul secerișului să scoată lucrători la secerișul Lui" (Matei 9:38). Dumnezeu este Domnul secerișului, cel care dirijează procesul și ține toate sub supremația Lui. El este Acela care te cheamă și te trimite să faci lucrarea pentru care ai fost menit încă de la începutul lumii. *Cum afli care este chemarea vieții tale? Și cum trimite Dumnezeu lucrătorii la seceriș?*

Chemat să FII cu Isus

În Evanghelia după Marcu, este scris:

> "În urmă, Isus S-a suit pe munte, a chemat la El pe cine a vrut și ei au venit la El. A rânduit dintre ei doisprezece, ca să-i aibă cu Sine și să-i trimită să propovăduiască." (Marcu 3:13-14)

Dacă ai cu adevărat pe inimă dorința de a face voia Tatălui, nu pierde din vedere acest important aspect – înainte de a-Și trimite ucenicii în lucrare, Isus i-a luat deoparte ca „să-i aibă cu Sine". Isus a spus: „Mâncarea mea este să fac voia Celui care M-a trimis și să împlinesc lucrarea Lui" (Ioan 4:34). Da, Dumnezeu vede dorința ta și are un plan pentru tine. Dar înainte de toate acestea, te cheamă doar să fii cu El în locul ascuns! Acolo, El te poate pregăti să fii trimis şi echipat cu toată puterea Lui ca să-ţi împlineşti misiunea cu ungere dată de Dumnezeu.

Am descoperit cele trei categorii ale chemării: *internă, externă* şi *eternă*. Toate sunt interconectate, construindu-se una pe cealaltă. Mai întâi, vine chemarea lăuntrică, care determină chemarea externă şi apoi chemarea eternă.

Înainte de orice, vine chemarea *internă,* care este o transformare după chipul şi asemănarea lui Hristos. Apostolul Pavel scrie:

> „De altă parte, ştim că toate lucrurile lucrează împreună spre binele celor ce iubesc pe Dumnezeu, şi anume spre binele celor ce sunt chemaţi după planul Său. Căci, pe aceia pe care i-a cunoscut mai dinainte, i-a şi hotărât mai dinainte să fie asemenea chipului Fiului Său, pentru ca El să fie Cel Întâi Născut dintre mai mulţi fraţi." (Romani 8:28-29)

Nu uita: Dumnezeu doreşte mai întâi să fii cu El şi să fii transformat după chipul şi asemănarea Fiului Său. Acesta este un proces invizibil, lăuntric.

Cea dintâi chemare a ta este să devii, lăuntric, precum Hristos – să capeţi natura şi caracterul Lui. La urma urmei, sensul şi piatra unghiulară a creştinismului este să avem calităţile şi natura lui Isus Hristos. A fi creştin înseamnă a fi precum Hristos. Apostolul Pavel scrie: „Copilaşii mei, pentru care iarăşi simt durerile naşterii până ce va lua Hristos chip în voi!" (Galateni 4:19). *De ce este atât de important acest lucru?* Pentru că ascultarea de Dumnezeu şi cât de multă încredere poate avea în tine pentru o chemare externă depind de cât de mult te-ai conformat lui Hristos.

Interiorul determină exteriorul

Chemarea *exterioară* este scopul cu care te afli pe pământ, funcția ta în lucrarea măreață a Tatălui. Acesta este doar un element temporar, pentru că are legătură cu timpul tău pe pământ. Ți s-a dat un trup fizic cu care să slujești scopului lui Dumnezeu aici, pe pământ. După aceea, duhul tău se va întoarce la Dumnezeu. Și, crede-mă, chemarea exterioară pe care Dumnezeu o are pentru tine este cu mult mai mare decât abilitățile și talentele tale! De aceea, pentru a-ți împlini scopul pe pământ, ai nevoie de puterea Lui, de abilitățile și de ungerea Lui – care vin din chemarea lăuntrică.

Cu cât este mai puternică transformarea ta interioară, cu atât puterea lui Dumnezeu va fi mai mare în tine și cu atât Dumnezeu va fi glorificat mai mult în lucrarea la care te-a chemat. Chemarea interioară este asociată cu o creștere constantă în cunoașterea lui Dumnezeu. Sintagma *creștere în cunoaștere* înseamnă conectare și unire cu sursa cunoașterii. Cu alte cuvinte, pentru a-L cunoaște pe Dumnezeu, trebuie să fim în permanență în legătură cu El și într-o comuniune perseverentă cu Duhul Sfânt. Pavel scrie despre aceasta în cea dintâi epistolă a sa către corinteni: „Dar cine se lipește de Domnul este un singur duh *cu El*" (1 Corinteni 6:17). Atunci când intrăm în legătură cu Duhul Sfânt, devenim una cu El.

Transformarea noastră lăuntrică va determina modul în care Îl manifestăm pe Dumnezeu și Îl revelăm pe El oamenilor pe pământ. Atunci când un necredincios face cunoștință cu mine, ar trebui să intre în legătură mai întâi cu Dumnezeul pe care îl reprezint. De aceea, fiecare dintre noi avem o enormă responsabilitate de a fi o oglindire fidelă a naturii lui Hristos, pentru că aceasta va determina dacă acea persoană va vrea să-L accepte și să-L slujească pe Isus. Crede-mă, necredinciosului nu-i pasă de statutul sau de poziția ta în biserică – dacă ești învățător, pastor, muzician ori ai vreun alt titlu. Scopul principal este ca acel suflet de mare preț să intre în legătură cu natura lui Dumnezeu prin intermediul tău!

Procesul de transformare interioară este cel mai important și, totodată, cel mai dificil. El presupune moartea față de sine! Într-o zi, vei ajunge în punctul în care vei fi pus să alegi între tine însuți și Dumnezeu și, crede-mă, aceea va fi Grădina Ghetsimani pentru tine. Cel mai înalt nivel de transfigurare este să devii precum Hristos. Asta ne învață Biblia, iar Pavel accentuează acest punct:

> „...până vom ajunge toți la unirea credinței și a cunoștinței Fiului lui Dumnezeu, la starea de om mare, la înălțimea staturii plinătății lui Hristos." (Efeseni 4:13)

Ioan Botezătorul a explicat astfel: „El trebuie să crească, iar eu să mă micșorez" (Ioan 3:30). Mulți oameni își pierd concentrarea ori încetează să mai crească la acest nivel al chemării. Oferirea trupului ca jertfă vie și neconformarea la chipul veacului acestuia sunt procese de o viață, care nu trebuie să se încheie odată ce ne-am atins chemarea exterioară.

Descoperirea chemării eterne

Chemarea noastră *eternă* este salvarea și viața veșnică. Oamenii sunt eterni. Suntem cu toții chemați la viața veșnică; întrebarea este dacă va fi viață veșnică, ori chin veșnic. Isus ne-a împăcat cu Tatăl pentru ca, acolo unde este El, să fim și noi împreună cu El. Atunci când a umblat pe pământ, Isus a reprezentat imaginea Tatălui. S-a smerit, fiind ascultător până la moarte, împlinind la modul desăvârșit voia lui Dumnezeu! *„De aceea, și Dumnezeu L-a înălțat nespus de mult și I-a dat Numele care este mai presus de orice nume"* (Filipeni 2:8-9). Nivelul ascultării lui Isus pe pământ a determinat nivelul gloriei de care are parte în veșnicie. Și nimeni nu poate întrece gloria pe care o are Isus în cer.

Vreau să înțelegi că, în veșnicie, nu toți vom avea aceeași glorie. Vor fi diferite niveluri de slavă. Cea mai mare răsplată nu va fi o coroană, ci nivelul de slavă în care ești, nivel care depinde de ascultarea față de chemarea externă. Dacă Dumnezeu ți-ar descoperi cum arată veșnicia ta și ți-ar arăta toate nivelurile de slavă – dacă ai vedea că slava ta de acolo depinde exclusiv de cum ți-ai petrecut timpul aici, pe pământ, *cum ți-ai trăi viața?* La o adică, veșnicia ține pentru totdeauna! *Cât de diferit ți-ai privi viața aceasta? Care ar fi valorile și prioritățile tale? Unde ți-ai semăna timpul, oportunitățile, abilitățile etc.?*

Cu cât mă gândesc mai mult la eternitate, cu atât îmi pasă mai mult de chemarea mea exterioară și Îi dau voie Duhului Sfânt să îmi prelucreze inima pentru chemarea mea lăuntrică. La o adică, acela este locul spre care Se uită Dumnezeu; Duhul Său pătrunde în gândurile inimii: „Ferice de cei cu inima curată, căci ei Îl vor vedea pe Dumnezeu." Transformarea ta lăuntrică va determina nivelul ascultării tale în chemarea exterioară și, prin aceasta, chemarea ta veșnică. De aceea, este foarte important să înveți să asculți vocea lui Dumnezeu și să I te supui, într-o conexiune permanentă cu Duhul Sfânt. Observă legătura dintre acestea; asemenea unei frânghii împletite în trei, cele trei părți funcționează împreună pentru a-și îndeplini rolul: chemarea interioară conduce la cea exterioară, iar împreună, cele două o vor revela pe cea eternă.

Pavel scrie în Coloseni: „De aceea și noi... nu încetăm să ne rugăm pentru voi și să cerem să vă umpleți de cunoștința voii Lui, în orice fel de înțelepciune și pricepere duhovnicească" (Coloseni 1:9). Versetul acesta îmi spune că Pavel se roagă tot timpul împreună cu echipa lui pentru un lucru, și anume ca cei care au crezut să cunoască voia lui Dumnezeu (intențiile, dorințele și gândurile Lui). Nu contează cu cât timp în urmă L-ai primit pe Isus, aceasta este o chemare adresată fiecărui credincios. Te-ai născut pentru mai mult decât vezi acum. Ai nevoie să te rogi ca să cunoști care este voia lui Dumnezeu pentru tine! Crede-mă, Dumnezeu are pentru tine un destin colosal, care va da sens întregii tale vieți.

Relație, chemare și transformare

În versetul următor, Pavel scrie: „...pentru ca astfel să vă purtați într-un chip vrednic de Domnul, ca să-I fiți plăcuți în orice lucru, aducând roade în tot felul de fapte bune și crescând în cunoștința lui Dumnezeu" (Coloseni 1:10). Aceste două concepte sunt interconectate: cunoașterea lui Dumnezeu și cunoașterea voii Lui. Este imposibil să cunoști voia lui Dumnezeu fără să crești în cunoașterea lui Dumnezeu. Cunoscându-L pe Dumnezeu, ne conectăm la modul Său de gândire – apoi, El produce în noi dorințe și acțiuni în acord cu voia Lui.

Pavel scrie mai departe că ar trebui să trăim astfel încât să fim vrednici de Dumnezeu, fiindu-I pe plac în toate lucrurile. *Este posibil?* Sigur că da, dar doar printr-o supunere totală. Aducem bucurie inimii Tatălui atunci când învățăm să auzim clar *ce, cum* și *când* ne spune să facem ceva și Îl ascultăm. Tocmai de aceea, transformarea lăuntrică este extrem de importantă.

Prin cunoașterea lui Dumnezeu, învățăm ce ne este dat de Dumnezeu. Scriptura ne învață:

> „Dumnezeiasca Lui putere ne-a dăruit tot ce privește viața și evlavia, prin cunoașterea Celui ce ne-a chemat prin slava și puterea Lui." (2 Petru 1:3)

Duhul Lui pătrunde în adâncimile lui Dumnezeu, cunoscute doar Duhului lui Dumnezeu. Cunoașterea crește prin revelație; iar revelația se produce în cadrul unei relații apropiate, de încredere, care ia timp. *Vezi acum cum toate se leagă*? Timpul petrecut cu Dumnezeu va determina profunzimea relației tale cu El, nivelul tău de cunoaștere și transformarea ta interioară.

Din chemarea interioară – ascunsă în Duhul Sfânt – trebuie să se nască cea exterioară. Este scris că „Tatăl tău, care vede în ascuns, îți va răsplăti" în mod public (Matei 6:6). Asta înseamnă că, cu cât te conectezi mai mult cu Duhul lui Dumnezeu, cu atât vei deveni mai mult ca El. Vei începe să apreciezi călăuzirea Lui, să Îi auzi dorințele și glasul – și apoi El te va conduce de la chemarea lăuntrică la cea exterioară. Relația pe care o ai cu Dumnezeu în ascuns va deveni, treptat, vizibilă în chemarea ta exterioară.

Mai întâi, trebuie să înțelegi cum îți vorbește Dumnezeu și să înveți să auzi glasul Lui printr-o comunicare personală cu El. El te va îndrepta din ce în ce mai mult spre cărarea pe care a ales-o pentru viața ta. Dumnezeu este foarte interesat să te îndrume spre și prin chemarea ta! Eu am început să mă conectez cu natura lui Dumnezeu petrecând mai mult timp cu El, iar cunoașterea Lui a devenit parte din mine.

Găsindu-L pe Isus la spălătorie

A fost un timp în viața mea când mă încuiam în camera mea după serviciu și, timp de câteva ore, citeam din Biblie și mă rugam. Deși petreceam toată ziua rugându-mă în limbi în timp ce conduceam mașina de colo-colo prin oraș, eram flămând și voiam să Îl cunosc mai mult. Într-o zi, pe când mă rugam, am auzit un gând foarte clar în mintea mea: *Du-te și mută-ți rufele ude din mașina de spălat în uscător.*

Am crezut că diavolul îmi distrăgea atenția de la Dumnezeu, așa că am început să mă rog mai cu foc și să alung toate acele gânduri. I-am cerut lui Dumnezeu să-mi vorbească. Dar gândul acela nu-mi dădea pace: *Du-te și mută-ți rufele ude din mașina de rufe în uscător.* Cu cât mă rugam mai mult, cu atât mai clar auzeam gândul – până acolo încât, la un moment dat, am sărit în picioare.

Pe atunci, locuiam împreună cu soția mea într-un complex de apartamente ieftine, situat lângă un automat de spălat rufe. Trebuia să traversăm toată parcarea ca să ne ducem rufele la spălat acolo. În ziua cu pricina, când mă întorsesem de la serviciu, trecusem pe la spălătoria de rufe și îmi încărcasem într-o mașină toate rufele murdare.

Neavând de ales, am făcut următorul raționament: dacă gândul venea de la Dumnezeu și El voia să facă ceva, eu trebuia să mă duc acolo și să verific. Am deschis ușa casei și m-am uitat. O femeia asiatică intra în spălătorie. *Poate că Dumnezeu vrea să-L mărturisesc pe El acolo?* În timp ce străbăteam parcarea, mă rugam: *Doamne, dacă Tu ești Cel ce îmi vorbești, te rog dă-mi o confirmare. Când intru în încăpere, ea să-mi vorbească prima. Atunci voi ști că Tu chiar vrei să-i spun despre Tine.*

De cum am ajuns la ușă, femeia s-a întors spre mine și m-a întrebat ce mai fac și cum îmi merge în ziua aceea! Am înțeles imediat conexiunea divină. În clipa aceea, Dumnezeu mă chema din ascuns ca să îi slujesc acestei femei. Timp de vreo douăzeci de minute, i-am împărtășit mărturia mea și i-am povestit despre Isus. În timp ce pe obraji îi curgeau lacrimi, am întrebat-o dacă vrea să-L invite pe Isus Hristos în inima ei. Ea a încuviințat, și-a pus deoparte ligheanul cu rufe și mi-a zis: „Da, vreau." Ne-am rugat împreună și femeia aceasta L-a primit pe Isus chiar acolo, la spălătoria de rufe. Imediat după aceea, mi-a cerut să mă rog pentru sora ei, care era bolnavă de cancer. Ne-am rugat și pentru sora ei. Este o mare onoare și un mare privilegiu să aducem oamenii la Hristos. Am îndrumat-o să găsească o biserică locală și să înceapă să o frecventeze. După aceea, ne-am luat rămas-bun, iar eu m-am întors acasă.

Pe la jumătatea drumului spre apartamentul meu, m-a oprit un gând: *uită-te în urmă.* M-am întors și m-am uitat: femeia și-a pus hainele uscate în coș și a ieșit din clădire cu chipul luminat de cel mai mare zâmbet. Nu părea că mă observase în timp ce o priveam de la depărtare. Glasul din interiorul meu m-a întrebat: *Te bucuri să vezi asta?* Uimit, nu am putut spune decât: „Da, Isuse, da!" Atunci, Dumnezeu mi-a răspuns: *Cât de plăcut Îmi este atunci când copiii Mei cunosc glasul Meu și ascultă de Mine.*

Dacă ai asculta de glasul Meu, ai mărturisi atât de mult despre puterea și slava Mea. Eu Mi-aș împlini voia și dorințele pe acest pământ.

Dumnezeu a continuat să îmi vorbească: *Aceasta este însăși esența chemării tale – să fii unit cu Mine, Eu să vorbesc prin intimitatea cu Duhul Sfânt și să-ți trimit prin glasul Meu cuvinte de cunoștință, viziuni sau descoperiri.*

Există un limbaj al Duhului prin care Dumnezeu ne vorbește. Vocea Lui este unică pentru fiecare individ, dar are, totuși, mai multe fațete. De aceea, limbajul spiritual nu se poate limita la o singură metodă. Însă punctul principal este să ascultăm glasul lui Dumnezeu.

La întoarcerea acasă, am început să-I mulțumesc lui Dumnezeu pentru glasul Lui. Deodată, versetul din Coloseni a prins viață în interiorul meu: *„Ca să fiți umpluți de cunoștința voii Sale, având toată priceperea duhovnicească, ca să vă purtați într-un chip vrednic de Dumnezeu, fiind pe placul Lui în toate lucrurile."*

Această istorioară este doar un exemplu mărunt al modului în care decurge lucrarea dintr-o transformare interioară și din ascultare. Dumnezeu nu îți va încredința mai mult până când nu înveți să fii credincios în lucruri mărunte. A trecut mult timp de atunci. Astăzi, desfășor o lucrare internațională și slujesc sute de mii de oameni pe stadioane. Dumnezeu mi-a încredințat acești oameni! Dar totul a început cu un singur suflet, cu pași mărunți și simpli de ascultare, care nu trebuie neglijați.

Bucură-te de proces

Am observat că, atunci când avem încredere în Dumnezeu și ascultăm glasul Lui, puterea ungerii Sale începe să lucreze. Știi de ce? Ungerea are legătură cu ascultarea ta și cu ceea ce Dumnezeu a pus înaintea ta. Biblia spune că Domnul nu lasă ungerea Lui peste toate lucrurile; El dă ungerea pentru ceva specific, după cum este scris în Luca 4:18:

„Duhul Domnului este peste Mine, pentru că M-a uns să vestesc săracilor Evanghelia, M-a trimis să tămăduiesc pe cei cu inima zdrobită, să propovăduiesc robilor de război slobozirea şi orbilor, căpătarea vederii, să dau drumul celor apăsaţi."

Cu cât am rămas mai mult în El şi am învăţat să ascult glasul Lui, cu atât El a început să mă îndrume pe căile dreptăţii, conducându-mă exact la calea pe care o pregătise pentru mine personal. În curând, am văzut cum ungerea a început să lucreze şi să mă înveţe. Dumnezeu este mai interesat de chemarea ta decât eşti tu, pentru că aceasta este voia Lui. Duhul Sfânt vrea să te îndrume dinspre chemarea lăuntrică spre cea exterioară.

Drag prieten, nu neglija procesul. Cea dintâi chemare care ţi se face este să fii cu El şi să fii transformat după chipul lui Isus Hristos. „Căci nici de la răsărit, nici de la apus, nici din pustie nu vine înălţarea" (Psalmul 75:6). Prin cunoaşterea lui Dumnezeu şi prin supunerea faţă de El, îţi va fi descoperit destinul. Aşadar, dă-I voie Duhului Sfânt să trateze cu inima ta. Și nu te lăsa impresionat de lucrarea vizibilă! Te implor, la modul serios, nu fi impresionat de ea! Avem nevoie să învăţăm să fim impresionaţi de Dumnezeu Însuși și să clădim o relație cu Duhul Sfânt! Avem nevoie să ne îndrăgostim de El mai mult şi mai mult, lăsându-ne în permanenţă transformaţi. Acest lucru îţi va oferi protecţie. Am avut o mulţime de oameni cu ungere înainte, dar, la un moment dat, unii dintre ei „s-au depărtat de la credinţa adevărată şi s-au străpuns singuri cu multe dureri". Aceştia erau bărbaţi şi femei puternice în credinţă, dar lucrurile netratate din inima lor i-au dus la distrugere. Diavolul ştie să aştepte! El se hrăneşte cu ceea ce noi nu rezolvăm, până când acea problemă creşte şi capătă o asemenea dimensiune încât, pe culmea ungerii, a slavei şi a miracolelor, cădem în capcană şi avem parte de o aprigă înfrângere. De aceea, să nu uităm niciodată că cea mai importantă chemare dintre toate este aceea lăuntrică!

Am văzut că lucrul cel mai bun pe care îl pot face în viața mea personală și în lucrare este să fiu transformat constant după asemănarea cu Isus Hristos. Acesta este locul cel mai sigur pentru tine și pentru mine. Transformarea ta după asemănarea lui Hristos te va ajuta să-ți împlinești scopul exterior, pentru care vei primi o răsplată și un nivel de glorie în chemarea veșnică. Eu cred că cele mai bune răsplăți în cer nu sunt cununile, ci un nivel de glorie în apropierea lui Isus. O, dacă doar am putea să ne ațintim privirea în veșnicia cea fără de sfârșit, am gândi diferit și ne-am baza prioritățile din lumea vizibilă pe chemarea noastră eternă!

CAPITOLUL 10.

Alegere

Povestea lui Moise ilustrează felul în care Dumnezeu alege o persoană și o lansează în chemarea ei (Exodul 2). Însă, acea persoană trebuie și să facă alegerea de a se dărui lui Dumnezeu. Dedicarea este întotdeauna un proces, iar tăria chemării tale depinde de nivelul de angajament față de acest proces.

Citind povestea lui Moise, vedem că a crescut la palat. A fost educat în toată înțelepciunea Egiptului și a avut posibilități și oportunități incredibile pentru viața lui. Biblia ne spune că Moise era puternic în cuvinte și în fapte în acea vreme (Fapte 7:22). S-a întâmplat că, într-o zi, s-a dus să se uite la poporul lui, la israeliți. Văzând că un egiptean îl bătea pe un israelit, Moise s-a înfuriat și a intervenit. Poate că și-a simțit chemarea chiar atunci și a vrut să-și ajute poporul. Deși intențiile și dorințele lui erau bune, din păcate, sincronizarea era greșită, pentru că Dumnezeu nu îl trimisese încă să-și împlinească scopul. În clipa aceea, Moise a mers prea departe cu propria lui putere și l-a omorât pe egiptean. Rezultatul a fost că a trebuit să fugă din Egipt ca să-și scape viața.

În anii mei de lucrare, am văzut mulți oameni care se dedică slujirii lui Dumnezeu. Aceștia au o dorință sinceră de a sluji și sunt, totodată, puternici în cuvinte și în fapte. S-ar părea că muncesc cu adevărat din greu și învață căile slujirii lui Dumnezeu. Însă, problema este că fac toate acestea prin propria putere! Înțelege, te rog, că, pentru a-ți împlini scopul, ai nevoie de mult mai mult decât carismă, elocvență și orice alte abilități.

La o adică, circumstanţele cu care te vei confrunta te vor solicita cu mult peste abilităţile şi tăria ta omeneşti. Dumnezeu vrea să facă lucruri mai mărețe în viaţa ta, mai mult decât poţi face tu de unul singur! Scopul tău este atât de măreţ încât poate schimba lumea vizibilă! Dar nu-l poţi împlini prin propria putere, ci doar prin puterea lui Dumnezeu. Iată de ce ai nevoie de puterea Duhului Sfânt!

Mergând mai departe

Revenind la povestea lui Moise, anii au trecut și acesta a continuat să trăiască în casa socrului său. În cartea Exodul, este scris: „Moise păştea turma socrului său, Ietro, preotul Madianului" (Exodul 3:1). Închipuie-ţi ce fel de gânduri îi invadau mintea în acest timp. Sunt sigur că se gândea în permanenţă la Egipt și la poporul lui – israeliţii. Odată cu trecerea anilor, Moise a continuat să îngrijească de oi, zi după zi, aceasta fiind singura lui sarcină. Cel mai probabil, în tot acest timp a mânat turma la păscut doar într-o anumită zonă. *Cât timp a durat treaba asta?* Aproape patruzeci de ani! Dar, este scris că, într-o zi, Moise s-a dus mai departe decât de obicei. „Odată, a mânat turma până dincolo de pustie și a ajuns la muntele lui Dumnezeu, la Horeb (Sinai)" (Exodul 3:1). A fost ceva ieșit din comun ceea ce a făcut Moise? Da, este provocator să mergi atât de departe în pustie!

Într-o excursie cu ghid pe care am întreprins-o în Israel, am avut ocazia să stau în căldură, sub soarele dogoritor, și să mă uit în zare. Deşertul mi se întindea înaintea ochilor pe o distanţă de kilometri întregi. Acel moment m-a îmboldit să arunc o privire mai atentă asupra istorisirii lui Moise, pentru că, pentru a-și mâna turma atât de departe în deşert, a avut nevoie nu doar de o simplă dorinţă, ci de determinare, efort și o hotărâre neclintită! Eu cred că Domnul a stârnit în el această dorinţă de a merge dincolo de locurile în care își păştea de obicei turmele, pentru că venise vremea să se împlinească chemarea lui.

Schimbările din viața lui Moise au început abia atunci când a ieșit din rutina sa cotidiană. Decizia de a ieși din zona de confort l-a condus la Muntele Horeb. Acolo a avut o întâlnire radicală cu Dumnezeu. În urma ei, Moise nu s-a mai întors la viața lui dinainte și, drept urmare, destinul poporului Israel a început să se schimbe radical.

Adesea, în viața cotidiană, ne învârtim în jurul zonei noastre de confort, unde toată lumea are propria măsură de rugăciune, închinare, post, lectură a Bibliei și timp petrecut cu Dumnezeu. Mulți oameni rămân în perimetrul unei anumite măsuri de sfințenie și nu sapă niciodată mai mult în cunoașterea lui Dumnezeu și în dedicarea față de El. Dar Biblia ne spune: „Cine este fără prihană să trăiască și mai departe fără prihană. Și cine este sfânt să se sfințească și mai departe!" (Apocalipsa 22:11). Mă rog ca Duhul lui Dumnezeu să-ți dea ghes să mergi dincolo de obișnuit în Domnul. Acolo poți să-L experimentezi cu adevărat pe Dumnezeul cel viu și real. Însă transformarea nu va avea loc până când nu decizi să mergi înainte și să schimbi ceva.

Focul care nu se mistuie

Pe măsură ce Moise s-a apropiat de Muntele Horeb, s-a întâmplat următorul lucru:

> Îngerul Domnului i S-a arătat într-o flacără de foc, care ieșea din mijlocul unui rug. Moise s-a uitat și iată că rugul era tot un foc și rugul nu se mistuia deloc. Moise a zis: „Am să mă întorc să văd ce este această vedenie minunată și pentru ce nu se mistuie rugul." Domnul a văzut că el se întoarce să vadă și Dumnezeu l-a chemat din mijlocul rugului și a zis: „Moise! Moise!" El a răspuns: „Iată-mă!" Dumnezeu a zis: „Nu te apropia de locul acesta; scoate-ți încălțămintea din picioare, căci locul pe care calci este un

pământ sfânt." (Exodul 3:2-5)

Un tufiş în flăcări nu este ceva neobişnuit în deşert. Însă ceea ce i-a atras lui Moise atenţia era faptul că tufişul nu era mistuit de foc. Acesta este genul de foc pe care tânjesc să-l am în viaţa mea – să fiu înflăcărat pentru Dumnezeu fără să mă epuizez, fapt care va atrage întotdeauna atenţia oamenilor. Încă de la începutul călătoriei mele, oamenii au văzut pasiunea mea pentru Dumnezeu şi spuneau că, odată cu trecerea timpului, aveam să mă consum şi să mă mai liniştesc. Pretindeau că era ceva normal pentru cei ce Îl acceptaseră de curând pe Hristos să fie înflăcăraţi pentru o perioadă. Îmi sugerau că, după un an-doi, aveam să fiu şi eu ca toţi ceilalţi, spunându-mi vorbe precum: „Este cea dintâi dragoste a ta, dar va trece."

Eu nu voiam să le dau dreptate. *De unde au căpătat ei ideea că dragostea dintâi ar trebui să treacă?* La o adică, Apocalipsa 2 spune:

> „Dar ce am împotriva ta este că ţi-ai părăsit dragostea dintâi. Adu-ţi dar aminte de unde ai căzut, pocăieşte-te şi întoarce-te la faptele tale dintâi. Altfel, voi veni la tine şi-ţi voi lua sfeşnicul din locul lui, dacă nu te pocăieşti." (Apocalipsa 2:4-5)

Îmi aduc aminte că am fost deranjat de cuvintele lor. Aşa că mă sculam noaptea şi începeam să mă rog lui Dumnezeu spunând: „*Doamne, este asta cu adevărat voia Ta? O să mă calmez şi eu şi o să fiu ca acei oameni? Doar cei ce L-au acceptat pe Hristos de curând şi au fost botezaţi ard pentru Tine şi după aceea ajung ca toţi ceilalţi?*" Eram cu adevărat îngrijorat şi voiam să ştiu ce părere avea Dumnezeu despre asta.

În curând, Duhul Sfânt mi-a spus să deschid la Levitic 6:

> „Focul să ardă pe altar şi să nu se stingă deloc: în fiecare dimineaţă, preotul să aprindă lemne pe altar, să aşeze arderea-de-tot pe ele şi

să ardă deasupra grăsimea jertfelor de mulțumire." (Levitic 6:12)

Dumnezeu a răspuns arătându-mi că trebuia să pun zilnic lemne pe altar, dându-mi trupul ca o jertfă vie, iar apoi focul meu ar fi ars fără să se stingă. Voia lui Dumnezeu este ca focul de pe altar să ardă mereu, de aceea preotul - adică tu - trebuie să adauge în permanență lemne pe foc. Cu cât pui mai mult lemne pe altar, cu atât focul se întețește mai tare!

Mulți se așteaptă ca, dacă cineva își pune mâinile peste ei și se roagă, focul să se aprindă și să ardă. Dar lucrurile nu se întâmplă așa, ci este un preț pe care trebuie să-l plătești zilnic în viața ta pentru a primi focul lui Dumnezeu, nu doar pentru vreo binecuvântare de la El, ci pentru că tânjești după Dumnezeu Însuși și vrei să-I cunoști inima. Focul nu se stinge, pur și simplu! Se stinge dintr-un singur motiv: pentru că dai voie lucrurilor care se văd să te distragă de la relația cu Dumnezeu, în viața de zi cu zi. Când încetezi să mai citești Biblia, să te rogi, să te închini, să postești, să faci sacrificii și să slujești - focul se stinge, pentru că nu mai sunt lemne pe altar.

Azi, pot să atest faptul că flacăra unui foc poate, de fapt, să se întețească de la o zi la alta și să nu se stingă. Însă, este un preț pentru ca focul lui Dumnezeu să ardă în viața ta - un preț pe care trebuie să-l plătești în permanență. Mă rog ca Dumnezeu să-ți dea setea și harul de a locui zilnic în Cuvântul Lui și în rugăciune, iar apoi focul însuși va arde mai intens în lăuntrul tău.

Slujind oamenilor din toată lumea, aud aceleași întrebări repetate la nesfârșit: „*Cum ai reușit să nu te stingi? Cum de ai o pasiune lăuntrică permanentă pentru Dumnezeu? De unde vine această văpaie de foc?*" Întotdeauna răspund cu vorbele apostolului Pavel: „Să nu vă lipsească niciodată râvna, ci păstrați-vă fervoarea spirituală, slujind Domnului" (Romani 12:11, NIV). Ca să poți sluji cu adevărat Domnului, trebuie să fii înflăcărat în duh, iar ca să fii înflăcărat în duh, trebuie să nu slăbești în zelul față de El! Pentru aceasta, preotul - adică tu - trebuie să adauge lemne pe altar, în fiecare zi. Postul, rugăciunea, timpul petrecut în prezența lui Dumnezeu - iată prețul pe care îl vei plăti.

Momentul de separare

Când s-a apropiat de tufișul în flăcări, Moise a trebuit să-și scoată încălțămintea ca să se apropie de foc și să stea în locul acela sfânt. Oriunde vine Dumnezeu, El pune deoparte acel loc, pentru Sine. Ce moment profetic profund! Pantofii noștri sunt un simbol al umblării și rătăcirii pe acest pământ. Există un preț nu doar pentru focul de pe altar, ci și pentru locul sfânt în care poți sta. Moise și-a scos pantofii și a stat înaintea Domnului, într-un moment de separare: Dumnezeu i-a descoperit lui Moise viziunea lui, în care îi fusese desemnat și lui Moise un rol. În urma acestei întâlniri, Moise nu a mai revenit la stilul său vechi de viață. Atunci când petrecem timp cu Dumnezeu, El începe să Își deschidă inima față de noi, iar noi începem să vedem și să înțelegem voia Lui. Dumnezeu vorbește din mijlocul focului, unde vom auzi glasul Lui adresându-ni-se personal.

Pentru mine a fost întotdeauna important să petrec timp în prezența Lui, auzind vocea Lui și văzând lucrurile din perspectiva Lui. Am vrut ca El să-Și împărtășească viziunea cu mine. Înțelege, te rog, că Dumnezeu nu Își împărtășește viziunea cu oricine. Atunci când Își deschide inima înaintea cuiva, El vrea să Se asigure că persoana aceea își va asuma responsabilitatea și va împlini ceea ce El va descoperi. Până în ziua de azi, Dumnezeu caută o asemenea persoană căreia să-I descopere viziunea Lui și cu care să-Și împărtășească dorințele. Tu poți deveni acea persoană - doar ține minte că, în spatele fiecărei revelații, este un preț și o responsabilitate!

Prin urmare, decizia de a merge mai departe, în adâncul deșertului, l-a mânat pe Moise până la Muntele Horeb, unde a avut o întâlnire radicală cu Dumnezeu. Uitându-mă înainte, aş vrea să observ că, după ce ieşirea poporului din Egipt, Moise l-a dus la Muntele Horeb. Acest detaliu are o semnificaţie aparte: nu poţi conduce oamenii într-un loc în care nu ai fost tu însuţi cu Dumnezeu. Un bun lider este acela care duce oamenii în locuri în care el însuşi a fost deja împreună cu Dumnezeu.

Descoperirea scopului

Dumnezeu l-a chemat pe Moise din mijlocul focului, spunându-i:

> „Eu sunt Dumnezeul tatălui tău, Dumnezeul lui Avraam, Dumnezeul lui Isaac şi Dumnezeul lui Iacov." Moise şi-a ascuns faţa, căci se temea să-L privească pe Dumnezeu. Domnul a zis: „Am văzut asuprirea poporului Meu, care este în Egipt, şi am auzit strigătele pe care le scoate din pricina asupritorilor lui, căci îi cunosc durerile. M-am coborât ca să-l izbăvesc din mâna egiptenilor și să-l scot din țara aceasta și să-l duc într-o țară bună și întinsă, într-o țară unde curge lapte și miere, și anume în locurile pe care le locuiesc canaaniţii, hetiţii, amoriţii, fereziţii, heviţii şi iebusiţii. Iată că strigătele israeliţilor au ajuns până la Mine și am văzut chinul cu care îi chinuiesc egiptenii. Acum, vino, Eu te voi trimite la Faraon și vei scoate din Egipt pe poporul Meu, pe copiii lui Israel." Moise a zis lui Dumnezeu: „Cine sunt eu, ca să mă duc la Faraon și să scot din Egipt pe copiii lui Israel?" Dumnezeu a zis: „Eu voi fi negreşit cu tine, şi iată care va fi pentru tine semnul că Eu te-am trimis: după ce vei scoate pe popor din Egipt, veţi sluji lui Dumnezeu pe muntele acesta." (Exodul 3:6-12)

Dumnezeu îi vorbise lui Avraam despre eliberarea poporului evreu, cu patru sute de ani înainte de naşterea lui Moise. Încă de atunci, Domnul a ştiut că Moise avea să fie eliberatorul poporului lui Dumnezeu – bărbatul care să îi scoată pe copiii lui Israel din sclavia egipteană. Din veșnicie, Dumnezeu l-a cunoscut pe Moise și l-a pus deoparte pentru rolul acesta; acesta a fost motivul pentru care Moise s-a născut. Iar prin ascultarea de glasul lui Dumnezeu, Moise a intrat în chemarea lui. S-a dedicat total Domnului, astfel încât Domnul a putut să-Și facă lucrarea pe pământ prin el.

Descoperindu-Și viziunea, Dumnezeu i-a arătat lui Moise adevăratul său scop în viață. Și Domnul a zis: „Eu am *văzut* suferința poporului, am *auzit* strigătul lor, *știu* mâhnirea lor, am de gând să-i eliberez." Nu este minunat să auzi asemenea cuvinte din partea lui Dumnezeu? Am putea spune: „Îți mulțumesc, Doamne! Aleluia! Amin! Dumnezeu este la lucru, facă-Se voia Lui!" Cu toate acestea, Dumnezeu îi spune apoi lui Moise: „Acum, du-te și scoate-i de acolo!"

Mulți oameni nu înțeleg pe deplin sensul acestei părți a poveștii. Azi, sunt multe asemenea profeții despre promisiunea lui Dumnezeu de a face ceva, spunând că El vede, știe și are de gând să aducă eliberare. De aceea, mulți credincioși așteaptă ca Dumnezeu să vină și să facă El Însuși ceva. Percepția aceasta este incorectă. În exemplul lui Moise, Dumnezeu Își descoperă viziunea, îi dă omului un scop și apoi lucrează prin om. Înțelege, te rog, că Dumnezeu este duh și are nevoie de un trup fizic ca să funcționeze în lumea fizică. Dumnezeu are nevoie de o persoană care să se prezinte pe sine și trupul său ca o jertfă vie, pentru ca El să poată lucra prin ea pe pământ. De aceea, atunci când Dumnezeu îți trimite un cuvânt profetic, trebuie să te dai cu totul Lui, înnoindu-ți mintea prin cunoașterea voii Lui și asumându-ți responsabilitatea pentru acel cuvânt, pentru a împlini voia Lui „precum în cer, așa și pe pământ"!

Rămâi focalizat pe viziunea lui Dumnezeu

Când Dumnezeu l-a trimis la faraon, Moise a răspuns: „Cine sunt eu ca să merg la faraon?" Cu siguranță, și-a amintit de momentul când a încercat să aducă salvare fraților săi prin propria putere și probabil că a spus ceva de genul: „Doamne, uite-te la mine, cine sunt eu? Am încercat deja, dar nu a mers." Imaginează-ți că nu a mai rămas nimic din vechiul Moise, care era puternic în vorbe și în putere. Acolo, în deșert, toată aroganța lui, toată mândria și importanța de sine păliseră.

Drag prieten, să știi că, atunci când Duhul lui Dumnezeu începe să-ți arate cum te vede, de fapt, Dumnezeu, aceasta va fi de fiecare dată o imagine mai măreață decât cea în care te vezi tu. Intențiile Lui pentru tine sunt cu mult mai mărețe decât îți închipui tu! Uitându-ne la noi înșine, de obicei ne vine greu să credem că Dumnezeu poate face ceva atât de măreț. Și Moise era așa; s-a uitat la el însuși și I-a răspuns lui Dumnezeu: „Cine sunt eu ca să merg la faraon și să-i scot pe copiii lui Israel?" (Exodul 3:11). Atunci, Domnul i-a îndreptat atenția către El Însuși, spunând: *„Eu voi fi cu tine."* Tot ceea ce Moise avea de făcut era să creadă și să se pună deoparte pentru Dumnezeu.

Nu ar trebui să ne uităm la potențialul și la abilitățile noastre, ci să ne păstrăm atenția concentrată asupra lui Dumnezeu Însuși, asupra măreției și puterii Sale! Prima dată, Moise s-a simțit puternic pentru că era fiul lui faraon și s-a gândit că putea să aducă eliberarea poporului lui Dumnezeu, cu propriile sale mâini. Cu alte cuvinte, orgoliul și încrederea de sine i-au stat în cale. Dar, a doua oară când a auzit chemarea lui Dumnezeu, nu mai rămăsese nimic din importanța de sine de odinioară.

Trebuie să înțelegem că Dumnezeu ne cheamă la viziunea Lui. El are o viziune, un trup, o credință și un botez. De aceea, niciunul dintre noi nu ar trebui să avem propriile noastre viziuni, pentru că facem deja parte din viziunea Lui – iar, în viziunea Lui, fiecare are rostul lui. Dumnezeu este Capul întregului trup al Bisericii, precum şi capul vieţilor noastre.

> „El face tot trupul să se potrivească perfect. Pe măsură ce fiecare parte îşi face lucrarea specială, ea ajută celelalte părţi să crească, astfel încât tot trupul este sănătos, creşte şi este plin de dragoste" (Efeseni 4:16, NLT).

Scopul nostru este să împlinim voia lui Dumnezeu pe pământ, atât la nivel individual, cât şi ca trup. Iar voia Lui este să scoată oamenii din sclavie şi captivitate – acesta este principalul scop pentru cei ce se dedică lui Dumnezeu.

Nu uita, scopul ultim al oricărei chemări este să elibereze oamenii în toate sferele, astfel încât aceştia să-L poată sluji pe Dumnezeu. Sunt incluse aici toate aspectele duhului, sufletului şi trupului. Isus a făcut deja tot ceea ce ţinea de El pentru a da oamenilor libertatea. Acum, este rândul nostru să îndrumăm oamenii de la necunoaştere la adevăr, arătându-le calea spre libertate. Atunci când vor cunoaşte adevărul, acesta îi va face liberi! Şi vor începe să facă voia lui Dumnezeu în vieţile lor.

Putere şi autoritate

> „Iată, *când* mă voi duce la copiii lui Israel şi le voi spune: «Dumnezeul părinţilor voştri m-a trimis la voi» şi mă vor întreba: «Care *este* Numele Lui?», ce le voi răspunde?" Dumnezeu a zis lui Moise: „Eu sunt Cel ce sunt." Şi a adăugat: „Vei răspunde copiilor lui Israel astfel: 'Cel ce Se numeşte «Eu sunt» m-a trimis la voi.'" (Exodul 3:13-14)

Numele nu este doar un set de litere; el poartă esenţa şi natura unei persoane. Numele este, mai mult decât un simplu cuvânt, o componentă unică şi importantă a individului. Numele tău conţine natura şi esenţa persoanei tale.

Numele lui Dumnezeu conţine, de asemenea, esenţa Lui, revelând natura şi puterea Lui. Aşadar, mi se pare că Moise I-a pus lui Dumnezeu cea mai dificilă întrebare. Cum ar fi putut Dumnezeu să-i explice lui Moise cine este El? Cum poate fi explicat inexplicabilul în tărâmul fizic? El este etern; nu are început şi nici sfârşit. În El este o întindere nesfârşită de bogăţie şi înţelepciune. Puterea Lui nu are limite. Cerul nu poate cuprinde măreţia Domnului şi iată că noi încercăm să-L definim pe Dumnezeu pe pământ. Să nu uităm că vom avea şansa să Îl cunoaştem toată veşnicia. *Cum poate fi El descris cu un singur nume?* Autorul cuvintelor avea nevoie să găsească cuvinte pentru a Se defini. El i-a răspuns lui Moise: „Eu sunt Cel ce sunt."

Prin urmare, pentru a-şi împlini scopul şi a scoate poporul din robie, Moise avea nevoie de o putere şi o autoritate ce întreceau puterea şi autoritatea faraonului. De aceea, Dumnezeu Şi-a descoperit numele, EU SUNT, şi, cu acest Nume, îl trimite pe Moise la faraon. Altfel spus, îl trimite spunându-i: „EU SUNT este cu tine." Observaţi că, prin Moise, faraonul a văzut că Dumnezeu este mai presus de toate lucrurile şi că domneşte peste toate. Dar, în acest scop, Moise a trebuit să-şi pună la dispoziţie trupul şi să se pună deoparte cu totul pentru Dumnezeu. Mulţumită ascultării lui Moise, puterea lui Dumnezeu şi măreţia Lui au ajuns cunoscute în toată ţara Egiptului şi dincolo de ea, pentru că Dumnezeu a putut să-Şi dezvăluie Numele, arătându-i faraonului şi poporului că El este Domnul.

Numele lui Isus nu este doar un cuvânt magic! El poartă în sine natura şi puterea Lui. Cineva ar putea întreba: *Atunci de ce rostesc oamenii numele lui Isus, dar nu se întâmplă nimic?* Diferenţa nu este în felul în care rostesc numele Lui, ci în transformarea după chipul Lui, atunci când caracterul şi prezenţa Lui cresc în noi. Cu cât suntem mai mult transformaţi după asemănarea cu Isus şi caracterul Lui, cu atât puterea Lui este descătuşată prin viețile noastre.

Să studiem schimbările radicale care au avut loc în viața lui Moise, din momentul în care a decis să meargă mai departe decât de obicei. Cel mai probabil, Moise nici nu știa încotro avea să-l ducă acea alegere a lui. După întâlnirea cu Dumnezeu, nu a mai revenit la viața lui dinainte, pentru că viziunea lui Dumnezeu îi cerea o dedicare și un sacrificiu totale. Acestea înseamnă mult mai mult decât doar a sluji, din când în când, în biserică. Dumnezeu l-a pus pe Moise deoparte pentru Sine și, în schimb, Moise și-a dedicat viața întreagă lui Dumnezeu. Crede-mă, decizia de a merge mai departe în Dumnezeu decât de obicei poate să-ți schimbe definitiv viitorul și povestea!

Dragul meu prieten, Dumnezeu vrea să-ți pui deoparte toată viața pentru El. El nu alege o persoană pe baza carismei și a abilităților ei, ci dacă acea persoană se va da peste cap pentru a se oferi ca o jertfă vie, prin care Dumnezeu să-Și poată manifesta puterea înaintea lui faraon. Moise a fost singurul om care a stat de vorbă cu Dumnezeu față în față. Dumnezeu nu S-a mai descoperit nimănui în felul acela. Sunt mulți cei ce Îi cer lui Dumnezeu o revelație profetică, dar Dumnezeu caută oameni cărora să le facă parte de o revelație profetică, știind că ei vor urma viziunea Lui până la capăt. Oamenii aceștia se dedică lui Dumnezeu și nu doar lucrării Lui – aceasta este o caracteristică importantă.

Azi, ca și până acum, Dumnezeu caută pe cineva cu care să-Și împărtășească viziunea. *Cândva*, Moise a fost o asemenea persoană care a înaintat în deșert până când s-a întâlnit cu Dumnezeu și, după o astfel de întâlnire, viața lui s-a schimbat radical. *Cândva*, am avut și eu parte de un asemenea moment în viața mea. Mă rog ca și în viața ta să aibă loc un moment în care să înaintezi dincolo de orice limită în Dumnezeu – și să nu te mai întorci niciodată la viața ta dinainte!

CAPITOLUL 11.
Dedicare

Doamne, ce anume cauți la o persoană? Ce vezi în oameni atât de special încât Îți descătușezi puterea prin ei? Moise s-a născut ca un om de rând, dar, la un moment dat, Dumnezeu S-a descoperit plin de putere prin el, potrivit Duhului sfințeniei. De asemenea, Isus S-a născut în trup și a fost descoperit ca fiind Fiul lui Dumnezeu în putere, prin Duhul sfințeniei. Apostolul Pavel a fost cândva un om obișnuit, dar, din nou, prin Duhul sfințeniei, Dumnezeu a fost descoperit prin El cu putere. Slava lui Dumnezeu a fost arătată cu putere prin acești oameni ai lui Dumnezeu, nimicind lucrările diavolului.

Dedicat doar lui Dumnezeu

Într-o zi, Dumnezeu l-a separat pe Moise și i-a spus: „Eu voi fi cu tine și prin tine voi sta înaintea lui faraon și voi scoate pe poporul Meu din Egipt. Mă voi descoperi ca fiind Domnul și Îmi voi arăta slava." Viziunea lui Dumnezeu de a elibera națiunea Israelului i-a cerut lui Moise totul – o dedicare totală. Ulterior în vechiul Testament, este scris că, după moartea lui Moise, Dumnezeu i-a vorbit astfel: „Moise, robul meu, a murit" (Iosua 1:1-2). În pasajul acesta, Dumnezeu afirmă că Moise era cu totul dedicat lui Dumnezeu, devenind robul Lui; prin aceasta, Dumnezeu S-a putut descoperi în putere prin duhul sfințeniei. „*Potrivit duhului sfințeniei*" denotă o măsură de dedicare față de Dumnezeu.

Să observăm că Dumnezeu nu l-a separat pe Moise doar pentru

lucrare; L-a pus deoparte pentru Sine. Iar Moise nu s-a dedicat doar lucrării, ci lui Dumnezeu Însuşi, şi apoi Dumnezeu a făcut o lucrare prin el. Rezultatul consacrării depline a fost o revărsare a slavei şi ungerii lui Dumnezeu. Astăzi, sunt mulţi dedicaţi slujirii lui Dumnezeu, dar nu atât de mulţi dedicaţi lui Dumnezeu Însuşi. Nu este totuna! Înainte de orice altceva, Dumnezeu te vrea pe tine – pentru că a dat totul pentru tine!

Moise a profeţit despre venirea lui Isus Hristos la poporul lui Israel, spunând: „Domnul Dumnezeul tău îţi va ridica din mijlocul tău, dintre fraţii tăi, un proroc ca mine: să ascultaţi de el!" (Deuteronom 18:15). Prin această profeție, a anunţat venirea lui Mesia, care, asemenea lui Moise, avea să distrugă domnia lui faraon – puterea diavolului – și să scoată pe poporul Lui din robie. Cuvântul acesta s-a împlinit atunci când Isus S-a născut ca om şi a fost descoperit drept Fiul lui Dumnezeu, în putere, potrivit cu duhul sfinţeniei. Hristos S-a separat pe Sine pentru ca slava cerului să vină pe acest pământ şi a devenit Fiul Omului. Ca om, S-a dedicat complet Tatălui Său, pentru ca voia lui Dumnezeu să fie împlinită prin trupul Lui pe acest pământ. Daţi-mi voie să subliniez acest lucru: puterea lui Dumnezeu a fost descătuşată printr-o dedicare completă faţă de Dumnezeu!

Este foarte important să înțelegem că sfințenia are două fațete, nu doar una! A fi sfânt nu înseamnă doar să te separi *de* ceva, ci și să te separi *pentru* ceva. Iată un exemplu: dacă iau o ceaşcă dintr-un set, o separ de celelalte din set şi o pun deoparte pentru mine. Vedem din Biblie că diferite lucruri I-au fost dedicate lui Dumnezeu: au fost puse deoparte de celelalte și sfințite pentru Dumnezeu. De aceea, sfințenia nu este doar separare de lume, ci și dedicare lui Dumnezeu.

Studiind viaţa lui Isus, văd că S-a smerit cu totul ca să facă voia Tatălui. Isus S-a dedicat până la punctul în care El era în Tatăl și Tatăl era în El. Isus declară: „Căci Eu n-am vorbit de la Mine Însumi, ci Tatăl, care M-a trimis, El Însuși Mi-a poruncit ce trebuie să spun și cum trebuie să vorbesc" (Ioan

12:49). Iată cum arată dedicarea totală! În Evanghelia după Ioan, Isus a dezvăluit faptul că El era una cu Tatăl: „Isus a luat din nou cuvântul și le-a zis: «Adevărat, adevărat vă spun că Fiul nu poate face nimic de la Sine; El nu face decât ce vede pe Tatăl făcând și tot ce face Tatăl, face și Fiul întocmai. Căci Tatăl iubește pe Fiul și-I arată tot ce face; și-I va arăta lucrări mai mari decât acestea, ca voi să vă minunați»" (Ioan 5:19-20).

A-L vedea pe Tatăl făcând ceva înseamnă a-I înțelege dorințele - a cunoaște voia Lui și a vedea prin ochii Lui. Din păcate, nu mulți sunt în poziția de a vedea ceea ce face Tatăl; în schimb, ei fac lucruri pentru Dumnezeu, dar acele fapte sunt lucrarea mâinilor omenești. Să ne uităm la Isus, care nu a făcut nimic de la Sine *dacă* nu L-a văzut pe Tatăl făcând mai întâi acel lucru - iar acest „*dacă*" a jucat un rol important. El a devenit în mod conștient „robul" Tatălui ceresc - aceea a fost alegerea și decizia Lui. De aceea, chiar fiind Fiul lui Dumnezeu, a fost descoperit în putere potrivit Duhului sfințeniei.

Isus Îl descoperă pe Tatăl

Observăm că Dumnezeu le-a dat oamenilor voință liberă și că Isus, ca om, a avut dreptul de a alege; El putea face lucrurile după cum dorea. Istorisirea din Grădina Ghetsimani arată limpede că Isus avea liber arbitru și ar fi putut proceda altfel. Atunci când soldații au venit să-L prindă, El le-a zis: „Crezi că n-aș putea să rog pe Tatăl Meu, care Mi-ar pune îndată la îndemână mai mult de douăsprezece legiuni de îngeri?" (Matei 26:53). Pasajul acesta arată că El S-a smerit înaintea Tatălui, fiindu-I supus Lui până la moarte, și încă o moarte prin răstignire (Filipeni 2:8).

În noaptea aceea, în grădină, soldații și slujitorii marelui-preot au venit să-L aresteze pe Isus. În mod ciudat, oamenii au venit înarmați, absolut încrezători că Îl puteau captura pe Dumnezeu prin propriile lor forțe. Închipuie-ți numai cum S-a uitat Isus la acești oameni înarmați cu săbii și sulițe împotriva Lui; El, care era în Tatăl și Tatăl în El. În mod interesant, nici chiar în clipa aceea, Isus nu Și-a arătat propria putere înaintea lor, ci L-a făcut cunoscut pe Tatăl. „Isus, care știa tot ce avea să I se întâmple, a mers spre ei și le-a zis: «Pe cine căutați?» Ei I-au răspuns: «Pe Isus din Nazaret!» Isus le-a zis: «Eu sunt!»" (Ioan 18:4-5). Ei s-au tras înapoi și au căzut la pământ. „*EU SUNT*" este numele lui Dumnezeu care i-a fost descoperit lui Moise pe munte. Și în numele „Eu SUNT" era arătată însăși esența și natura lui Dumnezeu.

Observăm că, de fiecare dată când Dumnezeu S-a arătat în esența Lui, au avut loc manifestări ale puterii Sale, cu fum, foc, vânt și cutremure; înaintea feței lui Dumnezeu, lucrurile s-au topit și s-au sfărâmat, ceea ce era frânt a fost restaurat și a revenit la viață, prin descătușarea unei puteri creatoare. Cerurile nu pot cuprinde măreția și gloria Domnului; cu atât mai mult, trupul omenesc nu poate rezista în fața puterii Lui, de aceea în momentul acela, toți soldații au căzut la pământ la auzul numelui EU SUNT.

Dumnezeu l-a trimis pe Moise să elibereze poporul din sclavie și să descopere numele lui Dumnezeu, EU SUNT, înaintea faraonului (Exodul 3:13-14). În mod remarcabil, înainte de a fi arestat și de a Se duce la cruce ca să elibereze oamenii din sclavia păcatului, Isus a făcut referire la același nume, *EU SUNT*. În momentul acela, puterea numelui lui Dumnezeu a fost descătușată (Ioan 18:5-6). Soldații nu L-au prins pe Isus pentru că puterea lor era superioară – nu, ci El S-a dat pe Sine de bunăvoie pe cruce, ca să împlinească pe deplin voia Tatălui și planul lui Dumnezeu de mântuire.

Isus Îl glorifica pe Tatăl Lui în toate lucrurile, revelând natura Lui pe pământ. În rugăciunea Lui de mijlocire, a spus: „Le-am descoperit Numele Tău și voi continua să o fac" (Ioan 17:26, NLT). De fiecare dată când a vindecat pe cineva, Isus L-a revelat pe Dumnezeu ca Vindecător (Matei 9:35). Atunci când a hrănit mulțimile, L-a revelat pe Tatăl ca fiind Cel ce poartă de grijă (Luca 9:16). Când a înviat morții, L-a revelat pe Tatăl drept

Cel ce înviază și Cel de dă viață (Luca 8:54-55). „Și toată mulțimea căuta să-L atingă, căci din El ieșea o putere, iar El i-a vindecat pe toți" (Luca 6:19).

Puterea de a fi rob

La ce era conectată puterea Lui? La Duhul sfințeniei, care este măsura consacrării față de Dumnezeu Însuși. El a devenit robul Tatălui, în asemenea măsură încât a putut afirma: „Cine M-a văzut pe Mine, a văzut pe Tatăl" (Ioan 14:9). El S-a dus de bunăvoie la cruce, a coborât în iad, a luat puterea autorităților și principalităților, le-a făcut de rușine și le-a învins (Coloseni 2:15). Prin trupul Lui, voia lui Dumnezeu s-a făcut pe pământ.

În Noul Testament, Pavel se descrie astfel: „Pavel, rob al lui Isus Hristos, chemat să fie apostol, pus deoparte ca să vestească Evanghelia lui Dumnezeu" (Romani 1:1). Această descriere sugerează că Pavel era dedicat cu totul lui Dumnezeu, devenind un rob al lui Isus Hristos. Prin el, puterea lui Dumnezeu a fost arătată pentru a aduce ascultarea credinței, pentru Numele Lui, între toate neamurile de neevrei. *Cum a obținut Pavel o asemenea cinste de a deveni robul lui Isus Hristos?*

În Epistola către Galateni, Pavel scrie:

> „Dar, când Dumnezeu, care m-a pus deoparte din pântecele maicii mele și m-a chemat prin harul Său, a găsit cu cale să descopere în mine pe Fiul Său, ca să-L vestesc între neamuri, îndată, n-am întrebat pe niciun om." (Galateni 1:15-16)

Când a fost chemat de Dumnezeu, Pavel nu a căutat opinii omenești, ci s-a pus deoparte pentru Dumnezeu. A mers și mai departe în înțelegerea lui Dumnezeu, „departe în pustie" ca să devină precum Hristos și să cunoască voia lui Dumnezeu. Pavel s-a dedicat total lui Dumnezeu – abia atunci Dumnezeu a putut să-Și arate puterea în și prin Pavel, potrivit cu

Duhul sfinţeniei.

Pavel scrie despre lucrarea lui pentru neevrei:

„Căci n-aş îndrăzni să pomenesc niciun lucru pe care să nu-l fi făcut Hristos prin mine, ca să aducă neamurile la ascultarea de El: fie prin cuvântul meu, fie prin faptele mele, fie prin puterea semnelor şi a minunilor, fie prin puterea Duhului Sfânt. Aşa că, de la Ierusalim şi ţările de primprejur până la Iliric, am răspândit cu prisosinţă Evanghelia lui Hristos." (Romani 15:18-19)

Dă-mi voie să îţi amintesc că dedicarea sau consacrarea este un proces care implică atât separarea de lume, cât şi angajamentul faţă de Dumnezeu. Este scris: „Nu iubiţi lumea, nici lucrurile din lume. Dacă iubeşte cineva lumea, dragostea Tatălui nu este în el. Căci tot ce este în lume: pofta firii pământeşti, pofta ochilor şi lăudăroşia vieţii, nu este de la Tatăl, ci din lume" (1 Ioan 2:15-16). Mulţi creştini se separă de lume, dar continuă să se uite la ea şi să se lupte cu păcatul, pe toate căile posibile. Pentru a te separa cu adevărat de lume, ai nevoie să-ţi desprinzi privirea de la ea şi să te concentrezi cu totul asupra lui Dumnezeu. Abia atunci vălul de pe ochi îţi va cădea, după cum este scris: „Dar ori de câte ori vreunul se întoarce la Domnul, marama este luată. Căci Domnul este Duhul, şi unde este Duhul Domnului, acolo este slobozenia" (2 Corinteni 3:16-17). În acest proces, libertatea vine în zonele pe care I le cedăm Lui.

Răspunsul se află înăuntru

Prin supunerea şi conectarea noastră cu Duhul lui Dumnezeu, El câştigă mai mult din noi. Este un proces de transformare lăuntrică, în care natura noastră omenească este supusă şi, ca rezultat, Duhul lui Dumnezeu poate fi revelat într-o măsură mai mare în interiorul nostru. Cu cât sinele ocupă mai puţin spaţiu, cu atât El va umple mai mult. Astfel are loc consacrarea pentru Dumnezeu. Înţelege, te rog, că Dumnezeu este deja în tine în toată plinătatea Lui. Atunci când primeşti Duhul Sfânt, primeşti plinătatea Dumnezeirii. Toate răspunsurile, toată puterea şi miracolele zac în interiorul tău. Chemarea ta este deja în tine. Eternitatea nu este în faţa ta – ea este în interiorul tău. Viitorul şi răspunsurile sunt deja acolo! Pe măsură ce dedicarea şi transformarea au loc în viaţa ta, sinele se va împuţina şi Dumnezeu Se va revela mai mult prin tine.

Atunci când Dumnezeu l-a chemat pe Moise să facă voia Lui, Moise şi-a pus în balanţă abilităţile, uitându-se la el însuşi. El ştia la prima mână cum era Egiptul, de aceea a şi răspuns: „*De ce eu? Eu nu pot face mare lucru*" (vezi Exodul 3:4-10). Dumnezeu avea nevoie ca Moise să-şi întoarcă atenţia asupra Lui. De aceea i-a zis: „Eu sunt CEL CE SUNT, voi merge cu tine şi Mă voi descoperi prin tine." În aceeaşi manieră, în chemarea care ni se face, ar trebui să nu ne uităm nici la lume şi nici la noi înşine, ci doar la Domnul, contemplând slava Lui! Atunci, îi putem da Duhului Sfânt libertatea de a acţiona în noi şi prin noi.

Eu nu văd altă cale de a fi transformaţi după chipul lui Hristos decât prin contemplarea gloriei Sale. Trebuie să-L vedem întotdeauna pe El înaintea noastră, făcându-I parte de toată atenţia şi de toată închinarea noastră.

> „Noi toţi privim cu faţa descoperită, ca într-o oglindă, slava Domnului şi suntem schimbaţi în acelaşi chip al Lui, din slavă în slavă, prin Duhul Domnului." (2 Corinteni 3:18)

Isus nu a făcut niciun lucru fără să-L vadă mai întâi pe Tatăl Său făcându-l. Împărtăşind acelaşi concept, regele David a spus, la rândul său, că întotdeauna Îl vedea pe Domnul înaintea lui (Psalmul 16:8). Aşadar, şi noi trebuie să ne înarmăm cu aceeaşi gândire şi să ne concentrăm toată atenția asupra Lui. Nu uita, ceea ce îți captivează atenția ți-a monopolizat și închinarea. Biblia subliniază clar că Dumnezeu caută închinători care să I se închine în duh și adevăr (Ioan 4:23).

Iubitori de sine sau iubitori de Dumnezeu?

Îmi aduc aminte când, într-un rând, studiind Sfintele Scripturi, am aflat un adevăr care mi-a schimbat viața. Eu cred că îți va aduce și ție lumină. Apostolul Pavel îi scrie lui Timotei: „Să știi că în zilele din urmă vor fi vremuri grele" (2 Timotei 3:1). În acest pasaj, Pavel nu vorbește despre un timp profetic, ci mai degrabă prevede, în chip profetic, vremea – este o mare diferență între cele două. Timpul profetic este legat de voia suverană a lui Dumnezeu și nu poate fi schimbat. Însă, în acest pasaj din Scriptură, Pavel explică în chip profetic cauzele și consecințele faptului că vremurile vor fi grele. Vremurile grele nu vor veni pe neașteptate și din senin și nici din cauza satanei, deși diavolul se va folosi de ceea ce noi ignorăm. Dimpotrivă, vremurile grele din zilele din urmă vor avea legătură cu oamenii: „Oamenii vor fi iubitori de sine" (2 Timotei 3:2).

Toate celelalte caracteristici enumerate de Pavel în continuare sunt doar rezultatul faptului că oamenii sunt iubitori de sine:

> „Căci oamenii vor fi iubitori de sine, iubitori de bani, lăudăroși, trufași, hulitori, neascultători de părinți, nemulțumitori, fără evlavie, fără dragoste firească, neînduplecați, clevetitori, neînfrânați, neîmblânziți, neiubitori de bine, vânzători, obraznici, îngâmfați, iubitori mai mult de plăceri decât iubitori de Dumnezeu, având doar o formă de evlavie, dar tăgăduindu-i puterea. Depărtează-te de oamenii aceștia." (2 Timotei 3:2-5)

Pavel începe numindu-i pe acești oameni *iubitori de sine* și conchide că aceștia nu vor fi *iubitori de Dumnezeu*. Atunci când ești un iubitor de

Dumnezeu, toată atenția ta se îndreaptă doar spre El, iubindu-L cu toată inima, cu toată mintea și cu toată puterea ta.

În mod șocant, în pasajul acesta, Pavel nu vorbește despre necredincioși. Dimpotrivă, se referă la cei ce poartă o aparență de evlavie, adică la oameni care sunt chemați afară din întuneric și răscumpărați. Dumnezeu i-a separat de lume, dar lumea a rămas în ei. Ce lucru groaznic, pentru că acești credincioși au o aparență de evlavie și un comportament religios, dar neagă puterea lui Dumnezeu. *De ce se întâmplă asta?* Dacă nu avem timp pentru a citi Cuvântul, pentru a sta într-o cămăruță de rugăciune și a ne dedica lui Dumnezeu, atunci nu ne transformăm după chipul Lui, iar roadele noastre vorbesc mai tare decât cuvintele noastre. Calitățile pe care Pavel le-a înșirat sunt ascunse în interior, ele nu se văd cu ochii fizici, ci doar ca roadă – și ca un rezultat final. Dumnezeu se uită la inimă. Cineva poate proclama în rugăciune: *„În numele lui Isus"*, fără să se întâmple nimic. Numele lui Isus are putere, dar dacă o persoană nu este îmbrăcată în Numele Lui și nu are loc în ea o transformare după asemănarea lui Hristos, atunci cuvintele sunt lipsite de putere!

Acești credincioși au o aparență de evlavie și poartă un nume ca și când ar fi vii, dar pe dinăuntru sunt morți. Ba chiar este posibil ca unii dintre ei să fie lucrători, dar, în afara lucrării, să aibă un alt stil de viață. Am întâlnit oameni care se luptă pentru sfințenie, dar nu pricep nicicum că sfințenia nu ține doar de exterior și de separarea de lume. Trebuie să înțelegem că sfințenia este o roadă care crește din unitatea cu Dumnezeu! Isus a spus că „va veni vremea când oricine vă va ucide va crede că face o slujire sfântă pentru Dumnezeu, dar asta se întâmplă pentru că nu L-au cunoscut niciodată pe Tatăl și nici pe Mine" (Ioan 16:2-3, NLT).

Dacă acele calități înșirate de Pavel sunt predominante la o persoană, înseamnă că ea nu este încă transformată după chipul lui Dumnezeu și că firea ei omenească veche este încă acolo. Pavel ne avertizează cu privire la acești indivizi care nu au putere și ne poruncește să stăm departe de ei!

Astfel de oameni se separă de lume, dar nu se dedică total lui Dumnezeu. Din păcate, mulţi care pornesc la drum într-o lucrare ajung să fie robii acesteia, dar noi trebuie să devenim robi ai lui Dumnezeu. Înţelege, te rog, că puterea lui Dumnezeu stă în dedicarea faţă de Dumnezeu, nu doar în separarea de lume. Dumnezeu are nevoie de tine; El te pune deoparte pentru Sine.

Eu cred că apostolul Pavel profeţea despre vremea noastră. Poate că, în cercul tău, sunt mulţi care trec prin „vremuri dificile", sunt în multă durere, suferă de boli incurabile şi dependenţe şi trec prin situaţii grele. Aceşti oameni au nevoie de puterea lui Dumnezeu, care poate să schimbe circumstanţele şi greutăţile lor. Au nevoie ca Dumnezeu să vină în vieţile lor şi să-Şi arate puterea. Acest lucru poate fi făcut doar printr-o persoană care s-a dat cu totul lui Dumnezeu.

Fii mai întâi un iubitor de Dumnezeu

În timpul unei rugăciuni, Duhul Sfânt mi-a arătat acest verset într-o lumină nouă, spunându-mi: „*Eu vreau ca Biserica Mea să aibă puterea Mea. Citește pasajul acesta de jos în sus. Vezi care sunt caracteristicile care vor arăta puterea Mea: prima cheie este să-L iubeşti pe Dumnezeu.*" Ce e întâmplă dacă începem să-L iubim pe Dumnezeu cu toată inima, cu toată mintea şi cu toată puterea noastră? Ce se întâmpla dacă ne aţintim privirea asupra gloriei Sale și asupra Lui? Rezultatul ar fi o puternică transformare, în cursul căreia trăsăturile carnale din noi se vor diminua şi vor dispărea.

Pe măsură ce devin iubitori de Dumnezeu, oamenii vor iubi mai puţin plăcerile şi vor fi mai puţin pompoşi, aroganţi sau trădători. Vor începe să facă predominant binele, având răbdare îndelungă şi cumpătare. Mândria şi vorbirea de rău vor începe să dispară; vor înceta să se preocupe atât de mult de bani şi de sine. Toate aceste trăsături carnale vor începe să moară pe dinăuntru şi ei vor fi transformaţi după chipul Lui; mai puţin din noi şi mai mult din Dumnezeu în noi. Atunci, Fiul lui Dumnezeu va fi descoperit în noi cu putere, potrivit Duhului sfinţeniei.

De aceea, dragul meu prieten, te îndemn să înaintezi mai mult decât de obicei în căutarea lui Dumnezeu. Îndrăgosteşte-te tot mai mult de El, dedică-te cu totul Lui, cu ochii pironiţi asupra slavei Lui, şi vei începe să vezi ceea ce face Tatăl. „Cine-i sfânt să se sfinţească" (Apocalipsa 22:11). Fii pasionat de puterea Lui; Dumnezeu doreşte să te folosească şi să-Şi arate puterea prin tine. Este normal să doreşti puterea lui Dumnezeu şi să fii pasionat de ea; acea dorinţă vine de la Dumnezeu. Duhul Sfânt zice azi: „*Văd* o vreme grea, *văd* suferinţa oamenilor, *aud* strigătul lor. Vin cu un răspuns, dar am nevoie de cineva care să Mi se dedice, astfel încât să Mă pot arăta în putere, potrivit Duhului sfinţeniei."

Poți să schimbi generația ta

Eu cred cu sinceritate că putem schimba vremea grea din generaţia noastră, atunci când fiii Împărăţiei vor fi arătaţi în puterea lui Dumnezeu, potrivit Duhului sfinţeniei. El ne va trimite la faraon ca să eliberăm pe poporul Lui de boală, dependenţe şi blesteme, să distrugem toate lucrările diavolului doar prin puterea Lui și să fim răspunsul pentru mulţi oameni – astfel încât voia Lui să se facă pe pământ precum în ceruri.

Vreau să accentuez faptul că Isus S-a născut în trup, dar a fost arătat drept Fiul lui Dumnezeu în putere, prin Duhul sfinţeniei. El ne-a împăcat cu Tatăl, ne-a scos din robie şi a schimbat vremurile în care trăim. Moise s-a născut şi el în trup, dar când a devenit un rob al Domnului, Dumnezeu Și-a arătat puterea prin el. El a schimbat vremea grea a generaţiei sale. A existat o vreme când Pavel s-a dedicat lui Dumnezeu şi, fără să caute păreri omeneşti, şi-a aţintit privirea asupra slavei lui Dumnezeu. Și Dumnezeu a fost arătat prin Pavel în putere, nimicind lucrările diavolului din timpul generaţiei sale.

Chemat

Acum a venit vremea noastră! În lucrarea Flame of Fire (văpaia de foc, n.t.), operăm după trei mari principii: dedicarea deplină lui Dumnezeu, sacrificiul deplin și supunerea deplină față de Duhul Sfânt. Eu cred că asta definește adevăratul creștinism și dă cale liberă puterii lui Dumnezeu. La un moment dat, am luat decizia de a-mi supune toată viața, tot trupul și tot timpul lui Dumnezeu, dedicându-mă cu totul Lui. Vreau să fiu transformat după chipul Lui, să merg din slavă în slavă și din putere în putere, astfel încât Fiul lui Dumnezeu să poată fi descoperit în mine și prin mine, prin puterea sfințeniei, făcându-mă să devin răspunsul pentru mulți oameni și împlinind planul lui Dumnezeu pe acest pământ.

CAPITOLUL 12.
Potențial

„Este scris: «Lucruri pe care ochiul nu le-a văzut, urechea nu le-a auzit și la inima omului nu s-au suit, așa sunt lucrurile pe care le-a pregătit Dumnezeu pentru cei ce-L iubesc.» Nouă, însă, Dumnezeu ni le-a descoperit prin Duhul Său. Căci Duhul cercetează totul, chiar și lucrurile adânci ale lui Dumnezeu" (1 Corinteni 2:9-10). Dumnezeu a pregătit atât de multe pentru noi, ceva mult mai măreț și mai profund decât poate pricepe mintea noastră omenească. Ceea ce Dumnezeu a pregătit pentru cei ce Îl iubesc este deja o lucrare încheiată în lumea spirituală.

Dumnezeu este în afara timpului

Domnul nu începe niciun lucru în lumea vizibilă fără ca acesta să fie deja încheiat în lumea spirituală. Din ceea ce nu se vede a venit tot ceea ce se vede (Evrei 11:3). Așadar, dacă Dumnezeu a creat toate lucrurile, văzute și nevăzute, înseamnă că El este mai presus de tot ceea ce mâinile Lui au format. Cerurile sunt tronul Lui, iar pământul, așternutul picioarelor Lui. Dumnezeu a gândit proprietatea fizică a timpului astfel încât să corespundă cu voia și designul Lui, dar El Însuși nu este limitat la continuumul timp-spațiu.

Dumnezeu este duh, iar în tărâmul spiritual nu sunt limite – El este în afara timpului, adică El poate fi simultan în toate timpurile. Altfel spus, Dumnezeu a creat continuumul spațiu-timp, dându-i un început și un sfârşit, făcându-l astfel complet. Cu toate acestea, El Însuşi este în afara timpului şi vede întregul continuum timp-spaţiu în toate generaţiile, erele şi epocile simultan.

Atunci când a creat ziua întâi, El era deja în cea de-a doua şi în cea de-a treia. Când a creat ziua a doua, era simultan în ziua întâi, în ziua a treia şi totodată în ziua de azi, când tu citeşti această carte. Încă de la crearea lumii, Dumnezeu a văzut toată omenirea prin Adam. Domnul are capacitatea de a vedea toată lumea – toate timpurile şi fiecare generaţie în starea ei finală. Aceasta este profunzimea înţelepciunii şi măreţiei Domnului.

În cartea Isaia, scrie: „Doar Eu pot să spun viitorul înainte ca el să aibă loc. Tot ceea ce Eu plănuiesc se va adeveri, căci Eu fac precum doresc" (Isaia 46:10, NLT). Dumnezeu, fiind prezent în timpuri străvechi, a vorbit despre ceea ce avea să se întâmple, dar, în El, toate sunt deja încheiate – aceasta este înţelepciunea şi puterea Lui. Acesta este modul de funcţionare al lumii spirituale eterne.

Sfârşitul este deja încheiat

Dacă Domnul anunţă sfârşitul încă de la început, atunci El deja a înfăptuit sfârşitul. Este scris că Dumnezeu i-a spus lui Avraam că descendenţii lui vor fi străini într-o ţară care nu va fi a lor şi că vor fi înrobiţi şi oprimaţi timp de patru sute de ani. Cu toate acestea, Dumnezeu va pedepsi poporul care i-a înrobit şi îi va scoate pe evrei de acolo cu mari posesiuni asupra lor (Geneza 15:13-16). Să observăm că Dumnezeu a văzut deja rolul lui Moise şi misiunea lui încă dinainte ca acesta să existe în lumea fizică. De aceea, atunci când i-a făcut această promisiune lui Avraam, Dumnezeu îl cunoştea deja pe Moise şi i-a dat lui misiunea de a scoate poporul din Egipt.

Din viitor, Dumnezeu Îşi trimite Cuvântul în prezent, pentru că El deja a văzut viitorul şi deja a fost acolo. Dumnezeu este marele EU SUNT, prezent simultan în toate timpurile. De fapt, cartea Apocalipsa este lucrarea încheiată a lui Dumnezeu, în care noi ajungem abia acum la ceea ce este anunțat pentru sfârșit. Voia lui Dumnezeu va fi împlinită prin mâna Lui în continuumul timp-spațiu și ne vom găsi, din nou, în eternitate, acolo unde locuiește Dumnezeu, unde El este plinătatea care umple toate lucrurile cu Sine. Doar prin acest concept putem înțelege deplin la ce anume Se referă Dumnezeu când declară: „Căci Eu știu gândurile pe care le am cu privire la voi, gânduri de pace, și nu de nenorocire, ca să vă dau un viitor și o nădejde" (Ieremia 29:11). El este Domnul tuturor timpurilor, Yahweh, Eu sunt Cel ce sunt! Dumnezeu este Alfa și Omega, în El este începutul și sfârșitul; și totuși, El nu are nici început și nici sfârșit.

Nașterea ta în lumea fizică indică faptul că destinul tău este deja încheiat în Dumnezeu. El are toate zilele tale scrise încă dinainte de a fi vreuna dintre ele, pentru că, din eternitate, Domnul vede voia Lui perfectă de la un capăt la altul, în starea ei finalizată. Atunci când înțelegem că lumea spirituală nu are un continuum timp-spațiu, putem înțelege, în mare, pasajul scriptural care spune că Mielul lui Dumnezeu a fost junghiat înainte de crearea lumii, împlinind voia lui Dumnezeu (Apocalipsa 13:8).

Înainte de a fi pe pământ, noi am fost în Dumnezeu, El ne-a cunoscut și ne-a permis să ne naștem la vremea potrivită, pregătindu-ne destinul complet. În cartea Efeseni este scris că El ne-a ales în El dinainte de întemeierea lumii (Efeseni 1:4). Ne-am născut pe lumea asta pentru că Dumnezeu Însuși a vrut ca noi să fim aici. Și Iacov scrie: „El, de bunăvoia Lui, ne-a născut prin Cuvântul adevărului" (Iacov 1:18). De aceea, El Se așteaptă ca fiecare dintre noi să ducem la bun sfârșit ceea ce a hotărât pentru noi.

Năcut pentru un destin

Dar cum se poate să fi fost în El încă dinainte de crearea lumii, dacă noi nici nu existam înainte de concepție? Mă bucur că mi-ai pus această întrebare. Lucrurile stau astfel pentru că acesta este modul de funcționare al lumii spirituale. În următorul exemplu, vei vedea un prototip spiritual al acestui concept. În Epistola către Evrei, este scris că Levi însuși, care primea zeciuieli prin Avraam, a adus zeciuieli lui Melhisedec. Cum este posibil așa ceva, dacă tribul lui Levi a apărut în lumea văzută abia patru sute de ani mai târziu? Fapt este că Levi era în promisiunile lui Dumnezeu și în coapsa lui Avraam atunci când Melhisedec l-a întâlnit (Evrei 7:9-10). Încearcă să ieși în afara conceptului de timp și să vezi, din perspectiva eternității, lucrarea finalizată a lui Dumnezeu: ceea ce este finalizat în lumea spirituală va fi născut în lumea fizică, la timpul potrivit. Astfel, lumea spirituală a consemnat faptul că Levi, nefiind încă născut, a adus zeciuieli prin Avraam lui Melhisedec, preotului Dumnezeului Celui Preaînalt.

În același fel, noi am fost în El înainte de crearea lumii și toate au luat ființă prin Cuvântul Lui. În Evanghelia după Ioan este scris:

> „La început era Cuvântul, și Cuvântul era cu Dumnezeu, și Cuvântul era Dumnezeu. El era la început cu Dumnezeu. Toate lucrurile au fost făcute prin El; și nimic din ce a fost făcut n-a fost făcut fără El." (Ioan 1:1-3)

Când a vrut, El ne-a dat naștere prin Cuvântul Lui (Iacov 1:18). În Cuvântul Lui este Duhul Lui și viață.

De asemenea, Isaia scrie:

> „Căci, după cum ploaia și zăpada se coboară din ceruri și nu se mai întorc înapoi, ci udă pământul... tot așa și Cuvântul Meu care iese din gura Mea nu se întoarce la Mine fără rod, ci va face voia Mea și va împlini planurile Mele." (Isaia 55:10-11)

El trimite Cuvântul Lui și cuvintele pe care le rostește sunt duh și viață (Ioan 6:63). Să observăm că cuvântul trimis de la Dumnezeu are potențialul divin de a face ceea ce a fost trimis să facă. Dacă poți înțelege acest gând, dă-mi voie să spun, în chip profetic, că noi suntem cuvintele din Cuvântul Lui. Prin Cuvântul Lui, Dumnezeu ne-a trimis în această lume fizică. Cuvântul Lui nu se întoarce fără rod, ci împlinește scopul cu care El l-a trimis.

Tu ai fost ales în El de la începutul lumii, prin urmare El a trimis cuvântul și ți-a dat naștere, punând în acest cuvânt potențialul Lui divin, care întruchipează și împlinește scopul cu care cuvântul a fost trimis. Cuvântul a ieșit ca o sământă de la Dumnezeu. El ți-a dat naștere datorită destinului tău, de aceea poate să-ți spună: „Doar Eu știu planurile pe care le am cu tine și Eu deja am finalizat viața ta și ți-am încheiat destinul. Intențiile Mele pentru tine sunt ca, la timpul potrivit, să aduci roadă și să împlinești scopul cu care te-am trimis pe acest pământ."

În mod interesant, mesajele profetice de la Dumnezeu vin din lumea spirituală, unde continuumul nostru timp-spațiu nu se aplică. Asta înseamnă că acele cuvinte profetice descoperă viitorul deja încheiat și îți dau puterea de a te vedea prin ochii lui Dumnezeu. Astfel, poți să vezi ceea ce ochiul nu a văzut, urechea nu a auzit și inima omului nu a gândit – perspectiva divină asupra ta. Darul profetic poate vedea scopul tău în acest tablou de ansamblu, vorbind peste circumstanțele în care ești acum. Cuvântul de la Dumnezeu te provoacă și începe să te atragă spre scopul tău până când acesta se împlinește.

Doar atunci când ne aflăm în prezența lui Dumnezeu și ne conectăm cu Duhul Sfânt, vom începe să vedem profetic, dincolo de tărâmul nostru fizic. David a înțeles importanța Duhului Sfânt în viața lui, astfel că atunci când a păcătuit, a început să-I ceară lui Dumnezeu, plin de căință: „Zidește în mine o inimă curată... Nu mă izgoni din prezența Ta și nu lua de la mine Duhul Tău cel sfânt" (Psalmii 51:10-11).

Eu cred că David era conectat cu Duhul Sfânt în prezența lui Dumnezeu, de aceea a putut, în chip profetic, să-și vadă viața ca embrion, înainte de a fi născut, după cum a scris:

> „Trupul meu nu era ascuns de Tine când am fost făcut într-un loc tainic, țesut în chip ciudat, ca în adâncimile pământului. Când nu eram decât un plod fără chip, ochii Tăi mă vedeau și în cartea Ta erau scrise toate zilele care-mi erau rânduite, mai înainte de a fi fost vreuna din ele." (Psalmii 139:15-16)

David nu ar fi avut cum să vadă acest lucru în mod firesc; dar, ca profet, a putut surprinde această revelație în lumea lăuntrică a minții sale.

Așadar, dacă David și-a văzut viața în chip profetic pe când era încă în pântece, atunci Ieremia a observat o revelație încă și mai profundă decât David. El a vorbit profetic despre ceea ce s-a petrecut cu mult înainte de concepția lui: „Mai înainte ca să te fi întocmit în pântecele mamei tale te cunoșteam și mai înainte ca să fi ieșit tu din pântecele ei, Eu te pusesem deoparte și te făcusem proroc al neamurilor" (Ieremia 1:5). Dumnezeu l-a pus deoparte pe Ieremia din veșnicie, desemnându-l să fie profet al națiunilor, iar când destinul lui a fost încheiat în lumea spirituală, Dumnezeu i-a permis să se nască în lumea fizică.

Nu rata darul

Ieremia a venit ca un dar al lui Dumnezeu pentru generația lui. Un profet este un dar. Din veșnicie, Dumnezeu a văzut generația lui Ieremia și evenimentele și nevoile care aveau nevoie de un dar profetic și de un cuvânt de la Dumnezeu. De aceea, Domnul a trimis cuvântul din eternitate, pecetluind poziția lui Ieremia ca dar pentru generația lui. Cât despre cuvântul care iese din gura lui Dumnezeu, el nu se va întoarce fără rod, ci va face ceea ce Dumnezeu l-a trimis să facă (Isaia 55:10-11).

Uneori ne este greu să înțelegem ce este, de fapt, un dar de la Dumnezeu, pentru că dăm mai multă atenție talentelor, abilităților și darurilor spirituale asociate cu acesta. Isus a fost un Dar pentru această lume, trimis de Dumnezeu pe pământ. Atunci când a întâlnit-o pe femeia samariteană la fântână, El i-a spus: „Dacă ai fi cunoscut tu darul lui Dumnezeu și cine este Cel ce-ți zice: «Dă-Mi să beau!», tu singură ai fi cerut să bei, și El ți-ar fi dat apă vie" (Ioan 4:10). Cu alte cuvinte, Isus i-a zis femeii: *„Dacă ai înțelege că sunt un dar pentru tine, tu Mi-ai cere Mie apă, iar Eu aș răspunde nevoii tale. Eu sunt o sursă de apă vie și am un potențial atât de mare de a aduce răspunsuri în viața ta!"*

Înțelege, rogu-te, un lucru. Ceea ce a spus Isus are un sens spiritual adânc. Darul este persoana în sine care își poartă chemarea, iar chemarea este adevăratul ei rost pe pământ. O persoană este, în primul rând, o ființă spirituală, care are în ea un uriaș potențial divin. Ea este darul de la Dumnezeu, iar darul deja conține abilitățile, talentele, darurile spirituale și orice altceva mai este necesar pentru ca ea să-și împlinească misiunea și să aducă rod. Ieremia a venit ca un dar. Isus a venit ca un dar. Tu ai venit ca un dar. Dumnezeu te-a cunoscut din eternitate și te-a aprobat, astfel încât să poți deveni răspunsul în generația ta.

> „Preaiubiților, acum suntem copii ai lui Dumnezeu. Și ce vom fi nu s-a arătat încă. Dar știm că, atunci când Se va arăta El, vom fi ca El, pentru că Îl vom vedea așa cum este." (1 Ioan 3:2)

Suntem născuți din Dumnezeu și Duhul Lui locuiește în noi. Dacă iau un pahar gol și îl umplu cu apă din ocean, aceeași apă care este în ocean va fi acum în paharul meu. Singurul lucru care limitează apa este recipientul în care este pus. Eu și cu tine am fost luați din Duhul lui Dumnezeu; același Duh locuiește în noi. Nu are restricții, continuumul timp-spațiu nu este o limită pentru El. În noi, avem acces la întregul ocean de apă.

Am venit de la Dumnezeu, trăim prin El și, într-o zi, ne vom întoarce la El. Nu ne-am născut doar ca să existăm, ci ca să aducem rod – acesta este motivul pentru care El ne-a dat viață și ne-a trimis din veșnicie în lumea fizică. Fiecare dintre noi trebuie să aducem roadă la timpul nostru (Psalmul 1:2-3). Este deja un potențial divin în tine, dat prin Duhul Sfânt - o sămânță care are nevoie să germineze. Această sămânță are în ea chemarea ta și destinul tău dat de Dumnezeu. Tu ești un dar pentru generația ta, pus într-un trup fizic, un dar care trebuie să fie cultivat și scos la iveală.

Potențialul unei semințe

Isus a dezvăluit secretele Împărăției Cerurilor într-o parabolă despre o sămânță de muștar semănată într-un câmp (Matei 13:31-32). Fiecare sămânță sădită a avut un potențial mare de a se deschide și de a deveni un copac, în care păsările cerului să poată veni și să se adăpostească. Vezi tu, acea sămânță mică avea un potențial incredibil.

Imaginează-ți că ții în palmă o sămânță mică și neagră de măr. Este doar o sămânță obișnuită, după cum se vede. Nu vezi în ea copacul din viitor și lucrarea încheiată în ea. În același mod se privește și persoana în care nu locuiește Duhul Sfânt. Ea nu își vede viața din perspectiva veșniciei, adică prin ochii lui Dumnezeu, de aceea se definește prin abilitățile sale fizice și prin ceea ce vede ochiul fizic.

Atunci când ne uităm la noi înșine cu ochi omenești, ne putem simți precum acea sămânță neînsemnată: „*Ce pot eu să fac, de fapt? Sunt lipsit de importanță. Nu sunt nimic, doar o sămânță mică.*" Însă acesta este doar modul în care te vezi tu, Dumnezeu are cu totul altă perspectivă! Ține minte: în acea sămânță este ceva ce ochiul nu poate vedea și urechea nu poate auzi. Dumnezeu nu vede doar sămânța, ci și enormul potențial din interiorul ei.

Cu toate acestea, pentru ca sămânța să se deschidă, ea trebuie pusă în solul potrivit; abia atunci poate crește într-un copac care să dea rod. În acele fructe, sunt semințe care pot deveni pomi, care vor face din nou fructe, care vor avea, din nou, semințe. Tu poate te uiți la viața ta și vezi doar o sămânță obișnuită, dar, când Dumnezeu se uită la tine, El vede potențialul acelei semințe de a deveni o întreagă livadă! Dumnezeu vede darul pe care l-a trimis și observă lucrarea încheiată. Tu ești singurul care îți poți pune limite, dacă refuzi să te vezi așa cum te vede Dumnezeu și nu vrei să fii pus în pământul potrivit.

Să observăm că, dacă este pusă într-un sol nepotrivit, sămânța nu va crește. De pildă, dacă lași o sămânță pe masa din bucătărie, ea nu va germina nici după un an, pentru că este într-un mediu neprielnic germinării. Dacă o lași acolo timp de zece ani, când o vei verifica, vei găsi aceeași sămânță, doar ceva mai uscată. În mod similar stau lucrurile pentru mulți oameni care, din păcate, își evaluează viețile cu ochii fizici și se mulțumesc cu o simplă existență. Ei nu s-au pus niciodată în solul potrivit și, drept urmare, potențialul lor nu a fost niciodată scos la iveală. Iată de ce mulți astfel de oameni se simt precum o sămânță uscată.

Atunci când sămânța cade în solul potrivit, din ea crește un copac care face fructe. Nu fructele vin la oameni, ci oamenii la fructe. Altfel spus, fructul devine un răspuns la nevoile oamenilor, astâmpărându-le foamea și setea. O, dacă am putea înțelege că în fiecare dintre noi zace un potențial divin incredibil de puternic, care este rațiunea nașterii noastre, nu ne-am limita niciodată viețile! Dimpotrivă, am începe să ne descoperim potențialul și să ne deschidem spre ceea ce Dumnezeu a pus în noi. Descoperirea potențialului tău este direct proporțională atât cu viziunea ta, cât și cu solul în care ești.

Cimitirul potențialului nerealizat

Există viziune fizică și viziune spirituală – cele două nu sunt același lucru. Viziunea fizică are legătură cu ochii fizici, logica umană și lumea vizibilă. Însă viziunea spirituală are legătură cu lumea noastră lăuntrică și cu modul nostru de a gândi. În mintea noastră şi printr-o gândire înnoită, putem vedea ceea ce Dumnezeu are pregătit pentru noi. Isus a afirmat odată despre farisei: „Lăsaţi-i: sunt nişte călăuze oarbe; şi când un orb călăuzeşte pe un alt orb, vor cădea amândoi în groapă" (Matei 15:14). Nu era o chestiune de orbire fizică, ci de ignoranţă spirituală, care va conduce, mai devreme sau mai târziu, la înfrângere. De aceea, Isus a avertizat: „Păziţi-vă de aluatul fariseilor" (Luca 12:1). *La ce aluat Se referea?* Vorbea despre învăţătura lor, pentru că învăţătura formează o gândire în care viziunea lăuntrică a ignoranţei este scoasă la iveală.

Dumnezeu are interesul ca noi să căpătăm felul Lui de a vedea lucrurile. De aceea este semănat cuvântul Împărăţiei. Dar cuvântul trebuie să fie primit, să prindă rădăcini şi să formeze în noi un fel de a gândi pentru a ne da realmente o viziune spirituală. Acea viziune va determina măsura în care sământa se va deschide şi va deveni ceea ce Dumnezeu o vede a fi.

> „Când un om aude Cuvântul privitor la Împărăţie şi nu-l înţelege, vine cel rău şi răpeşte ce a fost semănat în inima lui. Aceasta este sămânţa căzută lângă drum."(Matei 13:19)

Noi suntem răspunzători de învăţătura pe care o auzim şi o primim. Este extrem de important să te vezi prin ochii lui Dumnezeu şi să fii plantat în solul potrivit pentru a creşte şi a rodi.

Myles Munroe, un predicator de renume mondial şi autor al mai multor bestseller-uri, afirma cândva: „Locul cel mai înstărit din lume este cimitirul. Acolo zac milioane de suflete care niciodată nu au devenit ceea ce ar fi trebuit să fie. Au murit, pur şi simplu, precum nişte seminţe deschise, luând cu ele în mormânt toate contribuţiile pozitive pe care le-ar fi putut avea, dar nu le-au avut. Pe tot cuprinsul pământului, cimitirele sunt marile depozitare ale comorilor pierdute: cărţi nescrise, picturi, muzică, poezie şi idei nerostite – atâta potenţial irosit. Tragedia este că, în fiecare zi, mii de oameni merg spre mormânt fără să-şi arate întreaga glorie."[i] Oamenii îşi trăiesc întreaga viață copiind pe cineva, ajustându-se şi comparându-se cu altcineva – în permanență dependenți de opiniile altora. În cimitir sunt atâtea idei de afaceri şi talente nedescoperite; atâția pastori care n-au deschis niciodată o biserică; o mulțime de oameni care nu şi-au încheiat misiunea. Toți aceştia nu au devenit ceea ce fuseseră meniți să devină.

Te rog, ascultă-mă: Dumnezeu este mai interesat decât tine de scopul tău, pentru că acesta este direct asociat cu planul şi voia Lui. Astăzi, sunt

i Майлс Монро "Предназначение и сила Божьей славы", (изд. "Светлая звезда", Киев, 2003), стр. 60 (Monroe, *Myles The Purpose and Power of God's Glory*, ediția în lb. rusă, Kiev, 2003, p. 60).

atâția oameni care și-au umplut viața cu droguri, poftă, beție, depresie și respingere. Eu cred că cea mai mare problemă a lor este absența viziunii. Oamenii nu își cunosc scopul și nu văd sensul vieții lor, ajungând să se irosească pe alte lucruri. Dumnezeu mi-a arătat, de asemenea, mulți oameni care au suferit pentru că nu au putut să se găsească pe sine, dintr-un singur motiv: generația anterioară nu și-a împlinit misiunea.

Duhul Sfânt mi-a vorbit odată: „*Tu determini ceea ce se va întâmpla în jurul tău și ceea ce se va întâmpla după tine.*" Fiecare dintre noi este chemat să germineze și să rodească. Am venit de la Dumnezeu, trăim prin El și ne vom întoarce la El. De aceea, nu avem voie să ne comparăm cu alții, ci trebuie să devenim întocmai ceea ce Dumnezeu a hotărât să devenim.

Tu ești un dar de la Dumnezeu pentru această generație. Mulți vor avea de suferit dacă tu nu aduci roadele pe care ești menit să le aduci. În tine este ascuns un potențial divin care trebuie să iasă la iveală. Eu cred că, împreună cu Duhul Sfânt, vei putea să te desfaci, să crești și să devii răspunsul pentru generația ta.

CAPITOLUL 13.

Viziune

Sunt multe motive pentru care oamenii nu pășesc niciodată în destinul lor de a deveni ceea ce Dumnezeu i-a menit să fie. Aceste motive nu sunt întotdeauna diavolul! *Ce alte forțe pot să ne împiedice să ne împlinim scopul divin?* Evanghelia după Matei ne dă o explicație:

> „Căci inima acestui popor s-a împietrit; au ajuns tari de urechi, și-au închis ochii, ca nu cumva să vadă cu ochii, să audă cu urechile, să înțeleagă cu inima, să se întoarcă la Dumnezeu și să-i vindec." (Matei 13:15)

Închipuie-ți – oamenii L-au văzut pe Hristos cu ochii fizici, au auzit înseși cuvintele lui Dumnezeu, au văzut slava pe care o primise de la Tatăl: vindecări, miracole și minuni. Și totuși, Dumnezeu a spus că aceștia nu vedeau și nu auzeau cu adevărat!

Nu vorbea despre abilitatea lor fizică de a vedea și de a auzi, ci despre alt fel de viziune, de care o persoană are nevoie ca să-L vadă pe Dumnezeu și voia Lui. Inimile oamenilor – adică mentalitatea lor – erau atât de împietrite, încât aceștia nu puteau vedea realitatea propriu-zisă și veșnică a ceea ce se petrecea. Viziunea fizică este conectată doar la lumea fizică, dar, în duhul minților noastre, putem vedea mult mai departe – putem vedea și înțelege voia lui Dumnezeu din perspectiva eternității. Este scris că ochii înțeleptului sunt în capul lui (Eclesiastul 2:14), cu referire la modul de gândire, asociat cu vederea lui lăuntrică.

Învățătura determină abilitatea ta de a vedea

De ce abia dacă mai auzim vocea lui Dumnezeu? De ce este inima omului împietrită? De ce ochii le sunt închiși și nu au pricepere spirituală? Mulți oameni nu își dau seama de acest lucru, dar modul de a gândi joacă un rol decisiv și este format de învățătura primită. *Nu pricepi că devii sclavul lucrului căruia alegi să te supui?* Forma de învățătură pe care ți-ai dat-o îți determină abilitatea de vedea (Romani 6:16-17). Și astfel, trăiești după cum vezi.

De aceea, este extrem de important să te angajezi față de învățătura Duhului Sfânt, care are mentalitatea lui Dumnezeu. Atunci, duhul minții tale va fi aliniat cu viziunea lui Dumnezeu și vei putea să devii ceea ce Dumnezeu te-a predestinat să fii pe acest pământ. Sunt multe învățături la care oamenii sunt expuși: *învățăturile duhului acestei lumi*, *învățăturile oamenilor* și *învățătura Duhului lui Dumnezeu.*

Învățătura duhului lumii nu este greu de deslușit; ea poartă în ea natura poftei: pofta cărnii și a ochilor și mândria vieții (1 Ioan 2:16). Diavolul încearcă să influențeze mintea omului în diverse moduri și să-și impună gândurile. Dacă o persoană acceptă aceste gânduri, ele dau frâu liber sentimentelor negative. Uneori, gândurile nu doar că aduc boli în trupul omului, ci creează imagini și viziuni interne. Astfel, duhul lumii acesteia deformează mentalitatea și vederea.

De fapt, duhul lumii acesteia nu este dificil de recunoscut, dar este mult mai provocator pentru o persoană să distingă naturalul de spiritual – adică să deosebească influența învățăturii omenești de învățătura Duhului Sfânt. Învățătura omenească are o natură sufletească, asociată logicii și lumii vizibile. Ea îmbracă forma unei înlănțuiri logice a ideilor și se bazează pe prioritățile și valorile lumii fizice. Nu este neobișnuit ca ceea ce vedem și experimentăm să ne afecteze mintea, pentru că aceasta este lumea pe care o vedem.

Cum să vezi prin Duhul lui Dumnezeu

Așadar, dacă ești dominat de natural, logic și carnal, acesta este modul în care vei vedea, vei gândi și vei vorbi, pentru că gura vorbește din preaplinul inimii. Cu toate acestea, un om firesc și o minte neînnoită nu pot cuprinde viziunea lui Dumnezeu. Apostolul Pavel a scris pe acest subiect, spunând: „Dar omul firesc nu primește lucrurile Duhului lui Dumnezeu, căci pentru el sunt o nebunie, și nici nu le poate înțelege, pentru că trebuie judecate duhovnicește" (1 Corinteni 2:14). Este foarte important să învățăm să recunoaștem spiritul din care vine învățătura și apoi să judecăm din perspectivă spirituală.

Duhul lui Dumnezeu transmite *învățătura Împărăției lui Dumnezeu* și ne descoperă gândurile lui Dumnezeu. El este Duhul adevărului, care ne eliberează de sărăcie spirituală și de mentalitatea de victimă, care ne înrobește din interior. El este capabil să ne elibereze de duhul acestei lumi și să separe în om sufletescul de spiritual. Isus a spus: „Veți cunoaște adevărul și adevărul vă va face slobozi" (Ioan 8:32). Adevărul este Duhul lui Dumnezeu și, cu cât cunoaștem mai mult adevăr, cu atât suntem eliberați de duhul acestei lumi, care umblă în mândrie, vanitate, respingere, minciuni și gânduri rele, desprinse din învățături și păreri omenești. Să ne uităm la Isus: în timpul vieții Lui pe pământ, nu a depins de părerile oamenilor. Dimpotrivă, a fost umplut și condus de Duhul Sfânt. La o adică, nu contează câte opinii există despre viața ta – ele sunt adesea incorecte.

Singura opinie despre tine care este corectă și adevărată aparține Celui care te-a creat, Celui care ți-a dat chip în pântecele mamei tale și ți-a stabilit rostul pe pământ. Pavel scrie:

„Și noi n-am primit duhul lumii, ci Duhul care vine de la Dumnezeu, ca să putem cunoaşte lucrurile pe care ni le-a dat Dumnezeu prin harul Său." (1 Corinteni 2:12)

Duhul lui Dumnezeu vrea să te elibereze şi să te aducă în punctul în care să nu mai depinzi de învăţături şi opinii omeneşti - fie ele pozitive, ori negative; astfel încât nimic altceva, în afară de opinia lui Dumnezeu, să nu te mai afecteze. *Cum se poate realiza asta?* Prin comuniunea cu Duhul Sfânt. Trebuie să Îi dai mereu voie Duhului lui Dumnezeu să te înveţe şi să îţi influenţeze modul de gândire, astfel încât să poţi fi înnoit în duhul minţii tale şi să înveţi care este voia bună, plăcută şi desăvârşită a lui Dumnezeu (Efeseni 4:23).

Mintea lui Dumnezeu pătrunde mult mai adânc, mai departe, mai înalt şi mai larg decât mintea noastră limitată. Dumnezeu vrea să îţi descopere modul Său de gândire şi să îţi facă cunoscută adâncimea planului Lui cu tine. Ceea ce a pregătit pentru cei ce Îl iubesc este atât de măreţ şi de glorios încât este imposibil de înţeles pentru mintea carnală şi accesibil doar prin duhul unei minţi înnoite.

Viața ta este rezultatul modului tău de gândire

Înţelege un lucru: înnoirea minţii are loc în duhul minţii, nu în intelectul unei persoane, de aceea vorbim despre o sferă spirituală, nu despre una fizică. Procesul de înnoire nu se încheie într-o singură zi, ci are loc printr-o comunicare permanentă cu Duhul Sfânt. Duhul minţii şi sfera gândurilor omeneşti este realitatea cea mai adevărată - un întreg univers în care o persoană vede, simte şi experimentează. Nu ştii de unde au venit gândurile sau încotro se îndreaptă, pentru că acesta este un tărâm spiritual, iar dacă este spiritual, atunci duhul este în controlul gândurilor. Gândește-te la asta: cel ce îţi domină gândurile va prelua controlul asupra vieţii tale. Cu alte cuvinte, viaţa ta întreagă depinde de modul în care gândeşti.

Doar atunci când te conectezi la mintea lui Dumnezeu vei putea pricepe ceea ce este de neînţeles minţii carnale: voia lui Dumnezeu. Vei putea vedea nevăzutul cu ochii lui Dumnezeu şi apoi minciunile şi opiniile oamenilor nu te vor mai captiva – vei avea o altă mentalitate şi-L vei putea simţi pe Duhul Sfânt, sentimentele Lui şi perspectiva Lui asupra situaţiei.

Pentru a da glas gândurilor noastre, avem nevoie de cuvinte. Închipuie-ţi: Isus a fost Cuvântul care a venit de la Dumnezeu Însuşi. Cuvântul S-a întrupat şi a locuit printre noi (Ioan 1:1-3). În limba greacă, cuvântul folosit în acest pasaj este *logos,* care înseamnă exprimarea unei idei, un gând scos în afară. Altfel spus, Isus a devenit Cuvântul care a exprimat gândirea Tatălui şi ne-a predat-o. De aceea, Isus a spus: „cuvintele pe care vi le-am spus Eu sunt duh şi viaţă" (Ioan 6:63). Fiul lui Dumnezeu era unit cu Duhul Tatălui şi nu vorbea de la Sine, ci dădea glas cuvintelor şi gândurilor lui Dumnezeu.

Să observăm că Isus Şi-a început lucrarea cu aceste cuvinte: „Pocăiţi-vă, căci Împărăţia Cerurilor este aproape" (Matei 4:17). Cuvântul *pocăinţă* înseamnă, în greacă, „o schimbare de gândire, o schimbare a minţii sau a opiniei." Vreau să subliniez faptul că pocăinţa nu este atât regret faţă de ceva ce ai făcut, cât o nouă vedere asupra lui Dumnezeu, asupra sinelui şi asupra lumii din jur. Cu alte cuvinte, Isus a spus: „Schimbaţi-vă modul de gândire şi acceptaţi Împărăţia lui Dumnezeu pe care am venit să v-o vestesc." Cuvintele pe care le auzi îţi afectează gândurile, iar gândurile dau naştere la imagini care (de)formează realitatea şi vederea lăuntrică a unei persoane. Doar revenind la învăţătura Împărăţiei lui Dumnezeu, omul poate vedea aşa cum Dumnezeu vede.

Văzând și înțelegând Împărăția în același fel

Cât timp a fost pe pământ, Isus a dat multă învățătură despre Împărăția lui Dumnezeu. A spus că diavolul vine și fură ceea ce a fost semănat în inima celor care aud cuvântul despre Împărăție și nu îl pricep: acesta este sensul seminței căzute lângă drum (Matei 13:19). Deși sămânța este pusă în inimă, pentru a se desface și a aduce rod, ea trebuie să afecteze mintea. Sămânța Împărăției lui Dumnezeu are mare putere. Diavolul știe că, odată cu priceperea referitoare la Împărăția lui Dumnezeu, vine și o vedere spirituală, în urma căreia persoana aceea va începe să-L înțeleagă pe Dumnezeu și toate lucrurile din viața ei vor căpăta un sens. De aceea, dacă omul nu depune efortul și nu își disciplinează mintea ca să înțeleagă cuvântul Împărăției, diavolul vine și fură imediat sămânța.

Isus a învățat despre Împărăția lui Dumnezeu pentru că aceasta este voia lui Dumnezeu. Structura Împărăției vede întreg pământul și încorporează chemarea oricărei persoane. Prin contrast, religia nu ține seama de tot pământul și îngrădește individul. De aceea, mulți oameni dintr-un mediu religios nu pot să-și găsească chemarea și să-și atingă potențialul.

Gândirea religioasă crește din dospeala învățăturilor fariseilor și saducheilor, care împiedică omul să-L înțeleagă pe Dumnezeu și învățăturile Împărăției Sale. Acest aluat poate afecta negativ modul de gândire. De aceea, Hristos a smuls din gândirea oamenilor tot ceea ce nu fusese sădit acolo de Tatăl. El a vorbit cu asprime și Și-a avertizat ucenicii să se țină departe de aluatul fariseilor – adică de învățătura lor. Cu alte cuvinte, Isus a spus: *„Feriți-vă de acest aluat, pentru că vom ajunge să nu ne mai înțelegem și vom începe să vedem lucrurile în mod diferit."*

Atunci când oamenii au moduri diferite de a vedea lucrurile, apare dezbinarea. Să spunem că îți cer să închizi ochii și să vizualizezi un măr. Este ceva relativ ușor de făcut, dar fiecare va vedea un alt fel de măr: unii și-l vor închipui roșu, alții verde, unii, mare, alții, mic – însă, cu cât descriu mai precis mărul, cu atât cuvintele mele vor influența imaginea din mintea ta și, până la urmă, vom vedea același măr. De pildă, în loc să spun *măr*, voi spune: *„un măr mare și verde"*. Acum, toată lumea își imaginează același măr, vede același lucru și îl descrie în același fel.

Astăzi, sunt multe interpretări și învățături pe seama Cuvântului, pentru că oamenii Îl văd pe Dumnezeu și Cuvântul Lui în moduri diferite. Cu toate acestea, tot ceea ce nu vine de la Fiul lui Dumnezeu trebuie înlăturat și considerat învățătură falsă. Trebuie să avem o gândire în care suntem uniți cu Hristos, care este Capul, prin Duhul lui Dumnezeu. Adevărata teologie este Isus Hristos Însuși, astfel că, atunci când suntem uniți cu El, începem cu toții să vedem *aceleași imagini* în mințile noastre și apoi începem să avem același mesaj.

Apostolul Pavel a scris despre asta:

> „Vă îndemn, fraților, pentru Numele Domnului nostru Isus Hristos, să aveți toți același fel de vorbire, să n-aveți dezbinări între voi, ci să fiți uniți în chip desăvârșit într-un gând și o simțire." (1 Corinteni 1:10)

Atunci când suntem toți uniți în Același Duh, vom vedea și vom proclama același mesaj. Este un singur Dumnezeu și Tată al tuturor, care este mai presus de toți și lucrează prin toți și în toți (Efeseni 4:6). Acela care este în noi toți ne învață același lucru: Împărăția lui Dumnezeu și viziunea Lui. Când suntem uniți cu El în Duhul, inimile noastre devin preocupate de lucrurile care Îl preocupă pe Dumnezeu.

Isus Și-a învățat ucenicii să se roage astfel: „Vie Împărăția Ta. Facă-se voia Ta, precum în cer, așa și pe pământ" (Matei 6:10). Iată ce este în inima Lui: Împărăția să vină pe tot pământul și voia Lui să se facă. Împărăția lui Dumnezeu este în Duhul Sfânt! Iată de ce Isus le-a profețit ucenicilor Lui:

„Eu Mă voi duce, dar Duhul care este în Mine va veni după învierea Mea și vă va învăța toate lucrurile. El vă va echipa îndrumându-vă în tot adevărul și continuând să facă lucrarea Mea prin voi, pe care am început-o deja pe pământ." Doar prin legătură cu Duhul Sfânt vom putea împlini voia lui Dumnezeu aici pe pământ așa cum este ea împlinită în cer.

Diavolul știe acest lucru, de aceea face tot ceea ce îi stă în putere să împiedice oamenii să aibă comuniune cu Duhul Sfânt și să se întoarcă la învățătura Împărăției lui Dumnezeu. Înțelege acest important adevăr: dacă gândirea ta nu este înnoită după învățătura Împărăției lui Dumnezeu și nu ești în permanentă comuniune cu Fiul prin Duhul Sfânt – acestea te vor împiedica să pășești în adevărata ta chemare și în adevăratul tău destin. Învățătura lui Isus despre Împărăția lui Dumnezeu este solul potrivit în care avem nevoie să ne afundăm pentru ca sămânța noastră dată de Dumnezeu să se deschidă și să aducă rod, spre slava Tatălui. La o adică, adevărata glorificare nu este în cuvinte, ci în împlinirea unui scop!

Închipuie-ți că ții în mână cel mai recent apărut *smartphone*. Dacă nu este conectat la nicio rețea și nu are activate funcțiile necesare, este, în mare parte, inutil. Nu este decât un obiect care nu poate fi folosit în scopurile pentru care a fost intenționat și, ca atare, nu aduce nicio slavă și nicio cinste celui ce l-a creat. Dacă, însă, telefonul este conectat la o rețea și are activate toate funcțiile din dotare, poate să împlinească nevoile unei persoane și, cu cât este folosit mai mult, cu atât cel ce l-a creat își primește cinstea. Biblia spune că îl glorificăm pe Tatăl dacă aducem mult rod, împlinindu-ne adevărata menire.

Mă rog ca această carte să te inspire să nu te mulțumești cu puțin, ci să urmărești mai mult, să dai atenție formei învățăturii pe care o accepți și modului în care aceasta îți afectează gândirea. Isus a spus: „Dacă vrea cineva să facă voia Lui, va ajunge să cunoască dacă învățătura este de la Dumnezeu sau dacă Eu vorbesc de la Mine" (Ioan 7:17). Eu cred că cei ce sunt dispuși să lase în urmă tot ceea ce nu este de la Dumnezeu, de la Fiul

Său, din voia Lui - cei ce își smeresc inimile în fața înțelegerii spirituale și spun: „Vreau să fac voia Ta, astfel încât lucrurile să fie și pe pământ așa cum sunt în ceruri" - așază fundamentul pentru ca Duhul Sfânt să înceapă să lucreze în ei. Înnoirea minții nu se încheie într-o singură zi, ci are loc doar printr-o comunicare constantă cu Duhul Sfânt.

Dacă vrei cu adevărat să faci voia Tatălui, vei dobândi cunoaștere de la El, vei vedea invizibilul, vei umbla în lumină, vei recunoaște timpurile și sezoanele, dorințele și voia lui Dumnezeu. Duhul Sfânt vrea să formeze în tine o mentalitate divină astfel încât să te poți desface precum o sămânță și să devii ceea ce ești menit să fii pe acest pământ, slujind planului lui Dumnezeu.

De aceea, roagă-te ca Duhul lui Dumnezeu să smulgă din interiorul tău tot ceea ce nu este sădit acolo de Tatăl. Cere-I Duhului adevărului să-ți deschidă ochii ca să poți vedea zonele ce trebuie lăsate în urmă - tot ceea ce este în afara chemării tale și tot ceea ce te distrage de la scopul tău. Lasă toată religia, toate învățăturile omenești și presiunea duhului lumii să plece de la tine. Lasă revelația faptului că ești fiul/fiica lui Dumnezeu și înțelegerea învățăturii Împărăției lui Dumnezeu să te pătrundă. Cere-I lui Dumnezeu să-ți lărgească orizonturile astfel încât să primești învățătura Împărăției lui Dumnezeu, menită să fie în interiorul ființei tale și să se adeverească prin tine.

Cere și Dumnezeu Își va revărsa ungerea, va sfărâma orice jug, va aduce claritate și pricepere în mintea ta și va fi precum un foc în oasele tale. Cere și ți se va da! Căci toată creația așteaptă ca fiii lui Dumnezeu să fie descoperiți și să aducă slava lui Dumnezeu pe acest pământ!

CAPITOLUL 14.

Înnoire

Dintotdeauna am fost interesat de modul în care gândește Dumnezeu și sunt cu totul captivat de el! Știi deja, din capitolele precedente, că mintea lui Dumnezeu nu poate fi înțeleasă omenește, prin priceperea sau gândirea firească a omului, ci doar printr-o minte înnoită. Iată de ce iluminarea este procesul cel mai important pentru un creștin. De aceea, trebuie să mergem mereu mai departe și mai adânc în cunoașterea și descoperirea identității lui Dumnezeu. Apostolul Pavel s-a rugat întotdeauna ca „Dumnezeu să ne lumineze ochii inimii, ca să putem *cunoaște* bogățiile slavei moștenirii Sale în sfinți și să *pricepem* măreția nepătrunsă a puterii Sale în noi" (Efeseni 1:18-19).

Dacă ne-am putea opri fiecare pentru o clipă să ne cercetăm, mulți dintre noi ar descoperi că sunt nemulțumiți și că duc lipsă de înțelegerea a ceea ce înseamnă să împlinească planul lui Dumnezeu în viețile lor. Prietenul meu, nu te descuraja! Eu cred că revelația Duhului Sfânt din cartea aceasta îți va aduce lumină. Următoarele capitole vor prezenta pași practici pentru a te a apropia de destinul tău, astfel încât să-ți trăiești restul vieții pe acest pământ în acord cu voia Lui.

Mă rog să te concentrezi asupra unui singur lucru: să uiți trecutul și să privești spre ceea ce te așteaptă, perseverând până la sfârșitul cursei, ca să primești premiul ceresc la care Dumnezeu ne-a chemat prin Isus Hristos. Fie ca Dumnezeu să-ți crească capacitatea vizuală ca să poți vedea mult mai departe de succesul pe care îl vezi în prezent, de afacerile pe care le ai, de finanțele sau educația ta! Să vezi dincolo de freamătul și vanitatea lumii acesteia și cu mult mai departe decât o simplă implicare în lucrare.

Să nu ratezi ținta

În Evanghelia după Matei este scris: „Căutați mai întâi Împărăția lui Dumnezeu și neprihănirea Lui și toate aceste lucruri vi se vor da pe deasupra" (Matei 6:33). Din păcate, sistemul acestei lumi ne învață să căutăm lucruri materiale, nu Împărăția lui Dumnezeu. Prin asta, lumea te ține înrobit în sistemul ei. Minciuna inamicului îi atrage pe oameni în capcana realizărilor și satisfacțiilor veacului acestuia, veac care, în curând, va trece.

Astăzi, mulți nici nu-și mai dau seama cât de adânci sunt legăturile prin care resursele veacului acestuia i-au prins într-o viață trăită cu totul pe lângă țintă. În mod interesant, păcatul este definit drept ratare a țintei. Sistemul acestei lumi a otrăvit gândirea oamenilor, în asemenea măsură încât aceștia au devenit robi ai păcatului. Sunt înrobiți de un stil de viață care ratează ținta pe care Dumnezeu o stabilește pentru fiecare. Și fiecare continuă să trăiască după standardul la care a ajuns (Filipeni 3:16). Dacă ai parte de o învățătură incorectă, viața ta va apuca într-o direcție greșită – departe de ținta și scopul tău.

Iată de ce Isus a adus pe pământ învățătura Împărăției lui Dumnezeu și cel dintâi lucru pe care l-a cerut oamenilor a fost să se pocăiască: „Pocăiți-vă, căci Împărăția Cerurilor este aproape!" A te pocăi înseamnă a-ți schimba mentalitatea. Cu alte cuvinte, Hristos a spus: „Este timpul să-ți înnoiești modul de gândire, altfel nu vei putea înțelege Împărăția lui Dumnezeu și nu vei putea primi viața nouă pe care o am pentru tine." La urma urmei, lucrarea lui Hristos, încheiată la cruce, a devenit fundamentul vieții noastre noi pe care o avem de cealaltă parte a crucii.

La nașterea unui bebeluș, în mod normal, mai întâi vine pe lume capul.

În mod similar, pentru a lua startul unei vieți noi, schimbarea trebuie să înceapă de la cap, cu înnoirea minții. Nu este posibil să trăiești o viață nouă atâta timp cât încă ai o gândire învechită. Pentru a primi viața nouă din Hristos, ai nevoie să-ți înnoiești mintea și să înveți să gândești altfel.

Planul originar al lui Dumnezeu

După cum știi deja, mintea îți este influențată de învățătura pe care alegi să o urmezi. Isus a adus pe pământ învățătura divină pentru a reda omenirii mentalitatea Împărăției, care fusese, de fapt, de la început parte din planul Lui! Ca să înțelegem planul originar al lui Dumnezeu, avem nevoie să aruncăm o privire la cele petrecute în Eden, înainte de căderea omului în păcat. Abia atunci vom putea recunoaște pe deplin profunzimea a ceea ce Isus ne-a redat.

După ce a creat omul după chipul și asemănarea Lui, Dumnezeu a spus: „Să stăpânească" (Geneza 1:26). Omului i s-a dat autoritate și putere pe pământ să stăpânească și să domnească. Așadar, Adam a fost așezat în Eden, în prezența lui Dumnezeu, pe când cerul și pământ erau într-o unitate desăvârșită. Cu toate acestea, într-o zi, Adam (prin neascultarea lui) a pierdut acea linie directă cu influența cerului pe teritoriul pământului. Astfel, Lucifer a putut să-i răpească puterea de stăpânire care îi aparținea de drept.

Din cauza neascultării unei singure persoane, diavolul a pătruns pe teritoriul dintre cer și pământ, cu toată puterea lui. A procedat astfel ca să poată stăpâni și acționa pe pământ în fiii neascultării, prin trupurile oamenilor.

Lucrarea încheiată a lui Hristos

Înainte de venirea lui Hristos în lume, misterele lumii spirituale erau ascunse omului. Însă, prin moartea și învierea Lui, Isus a dat pe față lumea spirituală și i-a redat omului poziția de putere de la început. Hristos este cel din urmă Adam, care a restaurat ceea ce pierduse cel dintâi Adam.

Să observăm ce dezvăluie Scripturile despre lucrarea pe care Isus a făcut-o pentru noi, reconciliind pământul cu cerul. În Coloseni, este scris:

> „El ne-a izbăvit de sub puterea întunericului și ne-a strămutat în Împărăția Fiului dragostei Lui, în care avem răscumpărarea, prin sângele Lui, iertarea păcatelor. El este chipul Dumnezeului celui nevăzut, Cel Întâi Născut din toată zidirea. Pentru că prin El au fost făcute toate lucrurile care sunt în ceruri și pe pământ, cele văzute și cele nevăzute: fie scaune de domnii, fie dregătorii, fie domnii, fie stăpâniri. Toate au fost făcute prin El și pentru El. El este mai înainte de toate lucrurile și toate se țin prin El. El este Capul trupului, al Bisericii. El este începutul, Cel Întâi Născut dintre cei morți, pentru ca în toate lucrurile să aibă întâietate. Căci Dumnezeu a vrut ca toată plinătatea să locuiască în El și să împace totul cu Sine prin El, atât ce este pe pământ, cât și ce este în ceruri, făcând pace prin sângele crucii Lui." (Coloseni 1:13-20)

Prin cruce, Isus a împăcat cerul cu pământul, înlăturând puterea domniilor și stăpânirilor și făcându-le de rușine, triumfând asupra lor și dându-ne viața de dincolo de cruce! Fiul lui Dumnezeu a devenit pentru noi ușa prin care putem intra în Împărăția lui Dumnezeu și trăi dincoace de cruce. Această viață nouă nu este trăită sub puterea lumii acesteia, ci sub puterea Împărăției lui Dumnezeu!

În partea dinainte de cruce – înainte de lucrarea încheiată de Hristos

– găsim profeții și legea lui Moise. Aceștia au fost paznicii noștri până la venirea lui Hristos. Înainte de cruce, legea domină și scoate în evidență neajunsurile oamenilor, în care puterea păcatului este la comandă. Așadar, înainte de cruce, o persoană se va simți mereu nevrednică. Aici, preotul aduce în permanență jertfe pentru păcate. Însă, este scris că Isus S-a adus pe Sine jertfă pe cruce și, prin această unică jertfă, El i-a făcut desăvârșiți, odată pentru totdeauna, pe cei ce sunt sfințiți. După aceea, S-a așezat la loc de cinste la dreapta Tatălui. *S-a așezat* – ca mărturie a faptului că Și-a sfârșit lucrarea.

Prin moartea Sa pe cruce, Isus a devenit ușa prin care putem intra din nou în Împărăția lui Dumnezeu: „Eu sunt Ușa" (Ioan 10:9). Dincoace de cruce, intrăm prin harul lui Dumnezeu, care ne spune că pedeapsa pe care o meritam a fost ispășită de către Isus Hristos. El a luat infirmitățile și păcatele noastre asupra Lui. Acum, trebuie să pășim într-o viață nouă și să trăim în Isus, de cealaltă parte a crucii, unde locuiește harul lui Dumnezeu! Totul este datorită harului – primim tot ceea ce nu merităm!

Tot ceea ce Isus a finalizat pe cruce a devenit fundamentul și punctul de pornire al unei noi vieți, de cealaltă parte a crucii. Înainte de cruce, Îi cerem în permanență iertare lui Dumnezeu și ne simțim mereu vinovați. Însă, dincoace de cruce, învățăm să trăim în iertare. Nu mai cerem vindecare, ci umblăm în ea; nu mai cerem libertate, ci trăim în ea. Dincoace de cruce ne este dat Duhul Sfânt, iar acolo unde este Duhul Domnului, acolo este libertate. Dincoace de cruce, El ne-a făcut fiii Săi și o preoție împărătească. Dincoace de cruce, avem cheile Împărăției lui Dumnezeu, care ne permit să descuiem ceea ce acum ne aparține de drept, în calitate de moștenitori ai Împărăției.

Trăind ca orfani, nu ca fii

Slava regelui nu stă doar în măreţia şi bogăţia lui, ci şi în calitatea vieţii din împărăţia lui. Calitatea vieţii în împărăţie arată în realitate măreţia, puterea şi gloria regelui însuşi. În Împărăţia lui Dumnezeu, nu există statut de vizitator, ci suntem fii şi preoţi ai Împărăţiei. Dumnezeu ne-a binecuvântat cu toate binecuvântările spirituale din cer şi de pe pământ. Isus S-a făcut sărac pentru ca noi să fim îmbogăţiţi în toate privinţele. El a preluat neputinţele noastre, iar acum nici demonii şi nici bolile nu au drept legal să fie în vieţile noastre!

Cu toate acestea, mulţi credincioşi de pe pământ trăiesc încă de parcă ar fi orfani, şi nu fii şi fiice. Ei se depărtează de Dumnezeul din cer, iar promisiunile Scripturilor nu se adeveresc în vieţile lor. Pentru a trăi în Împărăţia lui Dumnezeu dincoace de cruce, avem nevoie să trecem prin procesul de iluminare şi înnoire a minţilor noastre.

În El, am murit şi am înviat şi suntem aşezaţi împreună cu El în locurile cereşti, într-o poziţie de putere – autoritatea Împărăţiei lui Dumnezeu. Isus a luat toată autoritatea diavolului şi a spus: „Toată puterea Mi-a fost dată în cer şi pe pământ" (Matei 28:18). În Isus, acum avem *toată* puterea şi autoritatea de a face *toată* voia lui Dumnezeu. De aceea, revelaţia Împărăţiei ne conduce la responsabilitatea de a restaura voia lui Dumnezeu „precum în cer, aşa şi pe pământ", şi de a distruge tot ceea ce diavolul a făcut, începând din Geneza 3.

Intimitatea produce putere

Cu cât meditezi mai mult asupra învăţăturilor Împărăţiei lui Dumnezeu, cu atât acestea îţi influenţează mai mult gândirea, înnoind-o. Aidoma unei seminţe de muştar, Împărăţia lui Dumnezeu poate creşte, devenind un copac mare în interiorul tău (Matei 13:31). Acesta este un proces spiritual desfășurat de către Duhul Sfânt, care lucrează în tine. Atunci când te aliniezi la învățătura Împărăției lui Dumnezeu, ea începe să-ți trezească mintea, aducându-ți revelații proaspete și lumină și luându-ți în stăpânire întreaga lume interioară. Fiecare revelație este o ușă către o nouă dimensiune, adâncindu-te în natura lui Dumnezeu.

Este deosebit de important să căutăm Împărăția lui Dumnezeu, iar aceasta este dată doar de către Duhul Sfânt, care are mintea lui Dumnezeu. Duhul Sfânt poartă victoria deplină a lui Isus Hristos. Să observăm un model simplu: cu cât cresc mai mult în relația mea cu Duhul Sfânt, cu atât relația mea cu cerul devine mai puternică și mai intimă, iar statutul de fiu prinde rădăcini în viața mea. Cu cât mă conectez mai mult cu El, cu atât natura Lui este mai mult descoperită în mine și prin mine. Cu toții putem avea autoritatea și puterea lui Dumnezeu, dar fiecare dintre noi va avea alt nivel de putere. Lucrul acesta nu are nimic de-a face cu realizările personale, ci este rezultatul apropierii de Duhul Sfânt.

Puterea lui Dumnezeu din viața ta este o răsplată pentru intimitatea cu Duhul Sfânt.

Crede-mă, prin înnoirea minții tale după cunoașterea lui Dumnezeu, viața ta va suferi o schimbare colosală. Procesul acesta te va captiva în asemenea măsură, încât nu vei mai vrea să te întorci la stilul tău de viață dinainte. *Cum detectezi o mentalitate înnoită în viața cuiva?* Pentru acea persoană, supranaturalul devine logic!

Dragul meu prieten, există o întreagă viață în Isus după cruce. Te încurajez să petreci timp singur cu Duhul Sfânt, să-I dai voie să îți înnoiască gândirea și să-ți dezvăluie secretele Împărăției lui Dumnezeu. Studiază învățăturile lui Dumnezeu din toate cele patru Evanghelii și vei vedea că El a dat învățătură specifică despre Împărăția lui Dumnezeu. Împărăția lui Dumnezeu te poate readuce în starea în care te vede Dumnezeu! Puterea Lui îți va fi revelată și credința ta va crește, dându-ți viziune, curaj, îndrăznealǎ şi idei – şi vei începe să acţionezi în acord cu voia Lui. Multe alte lucruri vor deveni realitate în viaţa ta. Setea ta spirituală după mai mult din Dumnezeu te va conduce întotdeauna către adâncurile divine ale Împărăţiei Dumnezeului celui viu, purtându-te din slavă în slavă şi din putere în putere. Ferice de cel sărac în duh, căci a lui este Împărăţia Cerurilor!

CAPITOLUL 15.
Influență

Talentul tău nu este destinul tău

Te-ai născut pe lume din cauza scopului tău, iar lui Dumnezeu nu Îi stă în fire să îți ascundă chemarea pe care o ai. Adevărul este că mulți oameni caută doar rezultatul final și nu Îi permit lui Dumnezeu să îi conducă prin întregul proces către destinul lor. Dumnezeu este un maestru strateg: înainte de a te naște, El deja investise în tine anumite calități, daruri și talente - care se corelează perfect cu scopul tău pe acest pământ. Dar, acestea sunt doar unelte pe care Dumnezeu le folosește ca să te ghideze prin diferite sezoane ale vieții tale, ridicându-te la o poziție de putere și autoritate din care să-ți poți împlini adevăratul scop în domeniul tău de influență. Înțelege un lucru: Dumnezeu a creat fiecare persoană ca să stăpânească și să domnească în teritoriul chemării sale.

Vreau să subliniez faptul că talentele tale nu sunt destinul tău - ele doar au legătură cu acesta. Abilitățile pe care ți le-a dat Dumnezeu sunt cheile pentru chemarea care a venit odată cu nașterea ta. David era, încă de la o vârstă fragedă, un muzician înzestrat, dar nu aceasta era chemarea lui! Aparent, nu există nimic în comun între harpa la care cânta și tronul pe care stătea. Însă, abilitatea de a cânta cu măiestrie la harpă l-a adus pe David în casa regelui, pentru că Dumnezeu îl vedea deja ca rege. Așadar, atunci când îți îndrepți darurile și abilitățile spre dorințele lui Dumnezeu, Îi permiți Duhului Sfânt să te îndrume mai departe către scopul tău. Va veni timpul când darurile tale te vor aduce într-o poziție pe acest pământ, iar acea poziție va deveni aria ta de influență. Dar, înainte de toate, darul tău trebuie să fie un mesaj - mesajul Împărăției lui Dumnezeu.

Măreția lui Ioan – pregătirea căii

Isus l-a numit odată pe Ioan Botezătorul drept „cel mai mare dintre profeți", chiar dacă acesta nu a făcut niciun miracol (Ioan 10:41; Matei 11:11). În mod interesant, *în ce consta măreția lui, cu ce avea ea legătură?* Când studiem profeții Vechiului Testament, tindem să dăm mai multă atenție miracolelor, semnelor și minunilor pe care aceștia le-au înfăptuit. Dar nu în acestea stă măreția darului profetic!

În modelul Împărăției, înainte ca regele să se ducă undeva, un mesager sau un sol era trimis să fie vocea care să pregătească calea și să anunțe sosirea regelui. Această cinste i-a fost dată lui Ioan Botezătorul. Toți profeții dinaintea lui Ioan au prevestit venirea lui Mesia, tânjind să apuce ziua când Fiul lui Dumnezeu avea să pună piciorul pe acest pământ. Ioan, cel din urmă dintre profeții Vechiului Testament, a pregătit calea pentru Împărat.

Darul profetic l-a înălțat pe Ioan la statutul înalt de profet al Israelului - aceasta a devenit zona lui de influență, în care a slujit și și-a împlinit menirea. Ioan Botezătorul a pregătit calea pentru Domnul, proclamând Împărăția lui Dumnezeu. Măreția darului lui nu a fost determinată de semnele și minunile pe care le-a făcut, ci de mesajul și misiunea pe care le avea.

Botezat în mesajul Împărăției

În Evanghelia după Luca, este scris că, înainte de Ioan, au fost Legea și profeții; apoi, de la Ioan încoace, Împărăția lui Dumnezeu a fost predicată (Luca 16:16). Ioan a adus un mesaj despre Împărăția lui Dumnezeu, spunând: „Pocăiți-vă, căci Împărăția Cerurilor este aproape!" (Matei 3:1-2). Despre aceasta a predicat el în pustiul Iudeii, unde a botezat oamenii. Cuvântul *botez* este o traducere a cuvântului grecesc *baptizo*, care înseamnă „imersiune, scufundare". Cu toate acestea, nu este vorba despre un simplu ritual de scufundare în apă. Sensul lui *baptizo*, în acest context, este mult mai adânc – vorbește despre *imersarea într-o anumită învățătură*.

Imaginează-ți că Domnul Isus a venit la Ioan spunând: „Am nevoie să fiu botezat de tine" (Matei 3:13-14). Isus nu S-a dus să fie botezat de către farisei, saduchei ori de către marele-preot Caiafa. *De ce?* Nu Se identifica cu învățăturile lor! Ba mai mult, Isus voia să eradice aluatul învățăturii lor din gândirea oamenilor, pentru că acesta nu era de la Tatăl. Fiind botezat de Ioan, Isus S-a scufundat în învățătura dată de Ioan Botezătorul. Apoi, Hristosul a dat învățătură despre Împărăția lui Dumnezeu, purtând, la rândul Lui, mesajul predicat de Ioan. După moartea și învierea Lui, El Și-a instruit discipolii să ducă mai departe mesajul: „Duceți-vă în toată lumea și propovăduiți Evanghelia la orice făptură" (Marcu 16:15-18). Prin urmare, este important să înțelegi că scopul ultim al chemării tale este să duci mesajul Împărăției lui Dumnezeu în zona ta de influență. *Așadar, ce să faci și de unde să începi?*

Mulți oameni se îmbulzeau în deșertul Iudeii ca să asculte învățătura lui Ioan Botezătorul. Mesajul pe care îl avea el despre Împărăția lui Dumnezeu era radical, așa că stârnea o reacție puternică în cei ce îl auzeau. Mulți au fost botezați, iar întrebarea care îi îngrijora acum era: „Ce să facem?" Ioan Botezătorul răspundea astfel: „Cine are două haine să împartă cu cine n-are niciuna; și cine are de mâncare să facă la fel." Au venit și niște vameși să fie botezați și i-au zis: „Învățătorule, noi ce trebuie să facem?" El le-a răspuns: „Să nu cereți nimic mai mult peste ce v-a fost poruncit să luați." Niște ostași îl întrebau și ei și ziceau: „Dar noi ce trebuie să facem?" El le-a răspuns: „Să nu stoarceți nimic de la nimeni prin amenințări, nici să nu învinuiți pe nimeni pe nedrept, ci să vă mulțumiți cu lefurile voastre"

(Luca 3:10-14).

Să observăm că Ioan nu le-a spus să lase toate în urma lor. La drept vorbind, în lumea vizibilă, aceşti oameni dobândiseră o anumită poziţie. Ioan Botezătorul înţelegea că voia lui Dumnezeu are legătură cu tot pământul şi cu structura sa de guvernare, de acea îi învăţa pe oameni să-şi schimbe felul de gândire şi să vadă care este zona lor de influenţă – locul în care să devină sare şi lumină în această lume.

Cum să începem să ducem mesajul Împărăţiei

Eu predic mesajul Împărăţiei lui Dumnezeu peste tot în lume şi dau multă învăţătură despre chemările oamenilor. Întrebările pe care le primesc astăzi sunt aceleaşi pe care le primea şi Ioan Botezătorul: „Ce ar trebui să fac, în acest stadiu al vieţii? Cum putem împlini planurile lui Dumnezeu? De unde să începem?" Prietene, scufundă-te în învăţăturile Împărăţiei lui Dumnezeu, astfel încât gândirea ta să fie înnoită. Dumnezeu te va conduce mai departe în destinul tău. El a pus în tine abilităţi şi talente care vor indica direcţia lui Dumnezeu pentru viaţa ta. În momentul acesta, dispui deja de puncte tari şi de zone în care te afli într-o poziţie de conducere – acestea nu trebuie ignorate, pentru că sunt direct legate de puterea şi autoritatea cerului în viaţa ta! Trebuie să îţi asumi răspunderea pentru aceste daruri de la Dumnezeu şi să le canalizezi astfel încât să transmită Evanghelia Împărăţiei.

Isus a spus că suntem lumina lumii (Matei 5:14-16). Noi suntem mesagerii Lui pe acest pământ şi trebuie să ducem lumina lui Dumnezeu în toate sferele societăţii – în lumea politicii, a sportului, a medicinei, a educaţiei şi aşa mai departe – astfel încât oamenii, văzând faptele noastre bune, să aducă slavă Tatălui nostru ceresc. Pe această cale, lumina lui Dumnezeu se va răspândi pretutindeni.

Ce vreau să zic?

Să spunem că o tânără abordează un pastor cu următoarea chestiune: „Pastore, vreau să fac voia lui Dumnezeu pe acest pământ."

Pastorul răspunde: „Foarte bine. Isus a spus să predicăm că Împărăția Cerurilor este aproape. Să vindecăm bolnavii, să curățăm leproșii, să înviem morții și să scoatem dracii. Fără plată am primit, fără plată să dăm (Matei 10:8)."

Ridicând din umeri, fata răspunde: „Da, înțeleg, dar eu simt că Dumnezeu mi-a dat abilitatea de a studia și de a deveni doctoriță."

Pastorul răspunde: „Sigur, atunci fă-te doctoriță! Acesta este un dar care îți va crea o zonă de influență pe acest pământ. Dar, nu uita, darul tău trebuie să poarte un mesaj. De aceea, ai grijă să te faci doctoriță și, oriunde vei fi, să predici Evanghelia Împărăției, să vindeci bolnavii, să scoți dracii și să înviezi morții!"

După aceea, să spunem că același pastor este abordat de un tânăr, care îi spune: „Pastore, vreau să fac voia lui Dumnezeu în viața mea."

Pastorul răspunde: „Minunat! Voia lui Dumnezeu este ca tu să predici Evanghelia Împărăției, să vindeci bolnavii, să înviezi morții și să scoți afară dracii!"

Tânărul răspunde: „Da, dar eu studiez ca să devin avocat."

„Nicio problemă," îl asigură pastorul. „Fă-te avocat, dacă simți că Dumnezeu te cheamă în această profesie. Darul tău va fi amvonul de la care să predici Evanghelia Împărăției. Vindecă bolnavii, scoate afară dracii și înviază morții. În zona darului tău, vei avea influență. Așadar, folosește-ți darul nu pentru câștig propriu, ci pentru a influența lumea cu fapte bune, răspândind mesajul Împărăției lui Dumnezeu."

Supunerea îți determină răsplata

Dumnezeu a pus în tine abilitățile și talentele care au legătură directă cu scopul tău. Într-o zi, vei da un raport în fața lui Dumnezeu despre cum le-ai folosit și despre cât de supus ai fost față de chemarea Lui pentru viața ta. Fiecare persoană din Împărăția lui Dumnezeu va sta, într-o zi, înaintea Regelui și va da raportul faptelor sale; Regele însuși va răsplăti pe fiecare. Răsplata va fi determinată de ascultarea de care ai dat dovadă față de scopul pe care ți l-a dat Dumnezeu. „Celui căruia i s-a dat mult, i se va cere mult în schimb; și celui căruia i s-a încredințat mult, i se va cere încă și mai mult" (Luca 12:48, NLT). Dumnezeu a dat fiecărei persoane după puterea ei, așadar măreția răsplății tale nu depinde de cantitatea de muncă depusă, ci de măsura de supunere în fața scopului care ți s-a dat.

Să spunem că El îți dă ungerea de a influența și de a aduce un milion de oameni la Isus, pe când eu am fost chemat să aduc la El doar o sută de oameni. Cu toate acestea, în timpul întregii tale vieți pe pământ, tu ai putut aduce la Hristos doar cinci sute de mii de oameni. Judecând după standardele omenești, ai avut un succes ieșit din comun și, în ochii oamenilor, lucrarea ta a fost mult mai mare decât a mea. Însă, Împărăția lui Dumnezeu nu operează în același fel precum lumea văzută. În ciuda succesului de care te bucuri aici, tu nu ți-ai împlinit în întregime scopul, pentru că nu ai adus la Hristos un milion de suflete. Dacă eu aș fi menit să aduc o sută de oameni și aș aduce nouăzeci și nouă, atunci aș fi mai ascultător de Dumnezeu decât tine; eu mi-am împlinit scopul în proporție de 99%, față de tine, care l-ai împlinit doar 50%. Dumnezeu îți va evalua munca după măsura în care te-ai apropiat de supunerea totală față de porunca Lui și, după acest criteriu, răsplata mea în cer ar fi mai mare decât a ta.

Dumnezeu vrea să-Și facă voia prin toți copiii Săi. De aceea, ți-a dat daruri și talente și ți-a încredințat o zonă de influență. Te-ai născut ca să ai un impact în această lume prin chemarea ta, care este unică și diferită de a tuturor celorlalți oameni. Multora le este frică să se încreadă pe deplin în Dumnezeu și să se deplaseze cu totul în teritoriul chemării lor. Dar asta doar pentru că le lipsește cunoașterea adevăratei identități a lui Dumnezeu. Să nu te compari niciodată cu alții; comparația deschide ușa pentru invidie, respingere și vulnerabilitate. Dumnezeu vrea să-L cunoști pe El și să te vezi în El. Adevăratul sens al vieții tale stă în scopul pe care Dumnezeu îl are rezervat pentru tine.

Dumnezeu ți-a pregătit lucruri mărețe, așadar continuă să cauți o relație cu Duhul Sfânt. Scufundă-te în învățăturile despre Împărăția lui Dumnezeu. Alege să slujești oamenii exact acolo unde ești acum. Atunci, Duhul Sfânt va începe să te conducă mai spre profunzimi și spre destinația ta. Darul tău este teritoriul tău de influență, în care trebuie să devii drojdia spirituală a Împărăției lui Dumnezeu ca să fermentezi (transformi) tot aluatul (împrejurimile), prin predicarea Evangheliei Împărăției.

Prieteni, Dumnezeu vrea ca noi să fim sare și lumină pe tot pământul. Eu cred că planul lui Dumnezeu pentru viața fiecăruia dintre noi este atât de măreț, încât nu se va opri odată cu noi, pentru că voia lui Dumnezeu vizează toate generațiile. Viețile noastre sunt conectate cu generația următoare și cu oamenii din jurul nostru. De aceea, vreau să apelez la toți cei ce citiți această carte: vârstnici, tați, mame, tineri, tinere și copii.

Cu toții avem nevoie unii de alții ca să aducem lumina lui Dumnezeu în sfera societății în care ne aflăm și să începem să avem un impact în zona noastră de influență, prin darul pe care ni l-a dat Dumnezeu: să predicăm Evanghelia Împărăției, să vindecăm bolnavii, să scoatem draci și să înviem morții. Eu cred că, împreună, putem împlini voia lui Dumnezeu în generația noastră, zădărnicind lucrările diavolului!

CAPITOLUL 16.

Proces

Oricare ar fi vârsta ta, Dumnezeu vrea să te conducă mai departe! Dumnezeu este mult mai interesat de chemarea ta decât ești tu însuși și, dacă îți apleci inima să cauți voia Tatălui și Îi ceri Duhului Sfânt să te călăuzească - nu-ți face griji, nu-ți vei rata viața.

Omul vrea să vadă rezultatul cât de curând posibil, dar Dumnezeu este interesat de proces! Înainte ca ucenicii să devină apostoli și să înceapă să predice, să învețe, să vindece, să scoată draci, să planteze biserici și să scrie epistole, Dumnezeu I-a chemat la Sine, demarând un proces interesant de creștere, schimbare și iluminare. În acest proces, Dumnezeu îți schimbă gândirea și te învață cum să umbli înaintea Lui, dându-ți rolul principal pentru a-ți împlini destinul.

Adevărul este că există căi omenești de promovare și căi dumnezeiești de promovare. „Mulți caută favoarea stăpânitorului; dar judecata *fiecăruia vine* de la Domnul" (Proverbe 29:26). Până și în creștinism, oamenii se folosesc de toate mijloacele posibile pentru a obține un anumit rang sau o poziție în lucrare ori pentru „promovarea" copiilor lor. Unii își ating scopurile făcând uz de lingușeli, conexiuni, rubedenii, cunoștințe - dar acestea sunt căi omenești de obținere a unei promovări; puterea lui Dumnezeu nu este în ele! De aceea, eu caut întotdeauna căile lui Dumnezeu și cred că „înălțarea vine nu de la vest, nici de la est, ci de la Dumnezeu, care este Judecătorul și izvorul tuturor" (Psalmul 75:6). Atunci când te promovează și te înalță, Dumnezeu îți dă și puterea și ungerea Lui. Să aruncăm o privire la procesul dumnezeiesc de promovare și înălțare.

Manifestări egoiste

În Evanghelia după Marcu ni se relatează următoarea întâmplare:

> După ce au sosit la Capernaum și au găzduit într-o casă, Isus i-a întrebat pe ucenicii Lui: „Despre ce discutați pe drum?" Dar ei nu I-au răspuns, pentru că se certaseră care dintre ei era cel mai mare (Marcu 9:33-34, NLT).

Se pare că ucenicii nu purtaseră o simplă conversație. Textul specifică faptul că au adus argumente; altfel spus, prietenii s-au certat care dintre ei era mai mare și mai tare în lumea văzută.

Oare nu ne amintește asta despre situația actuală în care ne aflăm? Oamenii postează poze pe social media arătând tuturor „succesul" lor și încercând să se înalțe, pe orice cale, înaintea celorlalți – lăudându-se cu case, mașini, haine, excursii scumpe, cu o carieră de succes, cu implicarea într-o lucrare bisericească și lista continuă la nesfârșit. Ei încearcă să arate tuturor că sunt mari și importanți. Observați că ucenicii nu aveau întrebări pentru Isus, ci discutau unii cu alții. În umblarea lor împreună, își manifestau egoismul – și fiecare voia să se plaseze în cea mai înaltă poziție posibilă.

Îl admir pe Isus! Nu i-a întrerupt și nici nu a interferat cu procesul lor. A făcut ceea ce ar fi făcut și Tatăl Său. Biblia spune: „au ajuns la casă." Adesea, sensul profetic al unei case este prezența lui Dumnezeu. Și abia când erau toți în casă împreună, Isus a deschis subiectul și i-a întrebat despre ceea ce discutaseră pe drum. *Dar oare nu știa Isus deja ce discutaseră ei?* Sigur că știa! Și totuși, i-a lăsat să vorbească între ei și să-și dea glas gândurilor celor mai adânci, astfel încât acestea să iasă la iveală și să-și audă și ei dorințele inimii rostite cu glas tare.

Vezi tu, cel mai important lucru nu este doar să oprești o persoană din dorința după un lucru, ci să creezi un mediu în care ea să se înțeleagă pe sine din perspectiva lui Dumnezeu. În experiența mea, am observat că sunt momente când încercăm să ne dovedim ceva unii altora, să ne lăudăm, să umilim pe cineva și să rezolvăm lucrurile de unii singuri – până când prezența lui Dumnezeu vine în mijlocul nostru. Atunci când ne conectăm cu Duhul Sfânt și începem să vedem situația prin ochii Lui – ni se face rușine de acțiunile și de comportamentul nostru. Ne gândim: *O, Doamne, încă mai este atâta fire păcătoasă în mine; aș fi putut reacționa și face lucrurile altfel!*

Așadar, atunci când Isus Și-a întrebat ucenicii despre conversația pe care o purtaseră, aceștia au rămas tăcuți, fiindcă se simțeau rușinați. În lumina acelei întrebări, ucenicii au văzut că se lăudau unii înaintea celorlalți, încercând să se promoveze singuri în ochii oamenilor. Dar, să observăm că Isus nu i-a mustrat pentru discuția pe care o avuseseră. Ideea este că suntem luați din Duhul lui Dumnezeu, creați ca să stăpânim și să domnim în zona noastră de influență. Nu este nimic greșit atunci când cineva își dorește să înainteze în viață. Este o trăsătură inerentă persoanei. Cu toate acestea, este necesar să înaintăm pe calea lui Dumnezeu – nu pe cea proprie.

A fi cel mai mare versus a fi cel dintâi

Isus S-a așezat, și-a chemat cei doisprezece ucenici și a început să le arate care este procesul prin care Dumnezeu promovează și înalță o persoană: „Cine vrea să fie primul, să ocupe locul cel mai din urmă și să fie slujitorul tuturor celorlalți" (Marcu 9:35, NLT). Observăm că ucenicii încercau să-și dea seama care dintre ei era *este cel mai mare;* dar Isus a spus: „cine vrea să fie *primul*" – este o mare diferență între cele două! *A fi cel mai mare*, în lumea aceasta vizibilă, se exprimă prin mândrie și metode carnale de înălțare. Însă *a fi primul* înseamnă să dai un exemplu și să conduci prin el. A fi *cel mai mare* înseamnă să domini; *a fi cel dintâi* înseamnă să gestionezi și să îți asumi o responsabilitate. De aceea, Isus Își îndreaptă ucenicii dinspre *a fi cel mai mare* spre *a fi cel dintâi.*

Dumnezeu are interesul de a-Și așeza oamenii în pozițiile cele dintâi ale lumii acesteia vizibile, pentru că a fi cel dintâi înseamnă să-ți asumi răspunderea pentru ceea ce urmează. Știi că Isus este cel dintâi; El a fost dinainte de toate lucrurile și prin El au fost făcute toate. La vârsta de 33 de ani, El Și-a asumat responsabilitatea pentru întreaga lume. El este Capul Bisericii și Temelia fermă pe care stăm în picioare.

Într-o familie, soțul este în poziția primă (de conducător); este o poziție de răspundere pentru viitorul familiei sale. Adam a fost creat cel dintâi și, după aceea, Dumnezeu a adus-o pe Eva în ajutorul lui. Adam nu este mai bun decât Eva, ci a fost pus în poziția de a fi cel dintâi ca să fie capul și temelia familiei. Mai mult, Dumnezeu l-a pus pe Adam în grădina Edenului ca să conducă și să aibă stăpânire, din prezența lui Dumnezeu. În același fel, atunci când soții își conduc familiile stând în prezența lui Dumnezeu și fiind mistuiți de ea, temelia familiilor lor va fi una tare.

A fi cel dintâi este binecuvântarea și promisiunea lui Dumnezeu pentru poporul Său. În cartea Deuteronom scrie:

> „Domnul te va face să fii *cap*, nu coadă; totdeauna *vei fi sus*, și niciodată nu vei fi jos, dacă vei asculta de poruncile Domnului Dumnezeului tău, pe care ți le dau astăzi, dacă le vei păzi și le vei împlini." (Deuteronom 28:13)

A fi cap și *a fi sus* este poziția în care vrea Dumnezeu să-Și așeze poporul. Noi nu suntem niște simpli creștini; suntem o generație aleasă, o preoție împărătească, o națiune sfântă, poporul special al lui Dumnezeu – noi suntem mesagerii Lui pe pământul acesta.

Cel dintâi trebuie să fie cel din urmă

Chemarea ta este direct legată de poziția de a fi cel dintâi în lumea aceasta vizibilă. Dumnezeu vrea să-ți asumi răspunderea și influența pentru ceea ce se va întâmpla după tine. Cu toate acestea, nu poți ajunge la această poziție de influență decât pe căile lui Dumnezeu. Unii ar putea spune: „De ce am nevoie de tot acest efort în plus?" Altfel spus, „De ce să-mi pese și de ce să mă implic, dacă mie îmi merge bine?" Și ei numesc asta smerenie! Dar nu este decât un indicator al mândriei. În acest caz, tu stai pe tronul vieții tale, nu Dumnezeu. Adevărata smerenie este exprimată prin asumarea de responsabilități, prin trăirea ca un exemplu, prin învățarea celor care ți-au fost încredințați de Dumnezeu, prin conducerea și instruirea altora să conducă oamenii în căile lui Dumnezeu.

Este extrem de important ca oamenii care sunt în poziția de a fi cei dintâi să fie maturi, să acționeze în chemarea lor și să fi fost puși acolo de către Dumnezeu! La urma urmei, dacă nu așa stau lucrurile, atunci: „Vai de tine, țară al cărei împărat este un copil" (Eclesiastul 10:16). Altfel spus: „Vai și-amar de tine, țară, atunci când cei ce au poziții de lideri (sunt cei dintâi) sunt imaturi și incapabili să slujească poporul." Vrem ca președintele țării noastre să fie un bărbat matur al lui Dumnezeu. Vrem ca cei care îi învață pe copiii noștri să fie evlavioși. Dorim ca oamenii din guvern, din instituțiile de educație și capii companiilor și afacerilor să aibă inimi bune, un caracter cinstit și să fie în stare să slujească oamenii. La urma urmei, este o încântare atunci când liderii noștri din toate sferele sociale sunt bărbați și femei mature, cu teamă de Dumnezeu, nu fac compromisuri cu păcatul și înșelăciunea și pot sluji bine poporul. Există atâta tulburare în lumea noastră azi din cauză că oamenii din pozițiile de conducere au ajuns acolo prin mijloace carnale și lumești – și nu prin căile lui Dumnezeu!

Dumnezeu este interesat să Își ridice poporul ca să aducă ordinea cerească în toate locurile în care mergem sau suntem aşezaţi! Cu toate acestea, căile lui Dumnezeu de avansare în rang încep cu formarea chipului Său în noi. Domnul nu caută oameni talentaţi şi înzestraţi, ci Îi caută pe aceia care se vor supune conducerii Lui, astfel încât să-i poată modela în vase de cinste şi să poată spune: „De azi înainte, voi începe să te înalţ." Însă, înainte să se poată întâmpla asta, El trebuie să înlocuiască în noi tot ceea ce este carnal, astfel încât să fie cât mai puţin loc în noi pentru firea noastră omenească şi cât mai mult din caracterul lui Dumnezeu. Astfel, atunci când Dumnezeu îţi va porunci să faci o lucrare, nu vei compromite şi nu vei dilua cuvintele Lui cu lucrurile carnale ale oamenilor.

Ce înseamnă cuvintele lui Isus: „Cine vrea să fie cel dintâi, să fie cel din urmă"? Iată un exemplu: serviciul bisericesc s-a încheiat şi toată lumea a plecat acasă. Chiar în momentul când te pregăteşti să ieşi cu prietenii tăi la un restaurant local, ajutorul de lider te roagă să rămâi şi să dai cu aspiratorul în sala de adunare. Eşti singurul din clădire şi ultimul acum, când cureţi podelele. De obicei, prima reacţie a oamenilor este: „De ce eu, de ce nu altcineva?" Iată răspunsul: Dumnezeu vrea să te pună în poziţia dintâi şi te aduce acolo prin metodele Lui. Apoi, Isus a adăugat: *„să fie slujitorul tuturor celorlalţi"*. Atunci când mă fac slujitorul celorlalţi, nu caut scuze ori motive de a-mi lăsa responsabilităţile nefăcute; dimpotrivă, spun: „Poţi pleca, rămân eu şi termin toate aici." Şi în felul acesta ajung o binecuvântare pentru toţi şi un slujitor al aproapelui meu.

În poziţia aceasta, treci neobservat şi înveţi cum să-L slujeşti pe Dumnezeu fără să atragi atenţia asupra ta, pentru că, obţinând atenţia celorlalţi, îţi hrăneşti mândria. Până la urmă, este o nebunie să trăieşti având ca principală preocupare în viaţă să impresionezi şi să faci pe plac tuturor. În opinia mea, asta se cheamă sclavie – să-ţi trăieşti viaţa în permanenţă ghidat de opiniile altora. Avem nevoie să învăţăm cum să trăim înaintea lui Dumnezeu! Atunci când Domnul te ridică, mulţi te vor vorbi de bine şi mulţi te vor critica – dar nici lauda, nici critica nu ar trebui să-ţi desprindă atenția de la Dumnezeu și de la misiunea pe care ți-a încredințat-o.

Care este motivația ta?

Vreau să-ți atrag atenția asupra unei chestiuni foarte importante - motivele inimii tale atunci când nu te vede nimeni. Să revenim la exemplul nostru: toți au plecat din biserică, luându-și și opiniile cu ei; nimeni nu te vede acum, nimeni nu este acolo ca să-ți mulțumească, nimeni nu te bate apreciativ pe umăr. În momentul acela, Dumnezeu nu observă doar cuvintele pe care le rostești, ci cercetează și ceea ce se găsește în inima ta. El vede de departe gândurile tale. *Care sunt motivațiile tale acum? Îți vei încheia responsabilitățile cu sinceritate și din toată inima?* În acest punct începe adevărata slujire - atunci când slujești în timp ce ești ascuns, doar înaintea lui Dumnezeu, spre beneficiul altora.

Tot ceea ce facem trebuie făcut din inimă, ca pentru Domnul, nu ca pentru oameni. Cea mai mare victorie este cea asupra sinelui, asupra dorințelor, planurilor și priorităților tale. Nu poți sluji la doi stăpâni - și lui Dumnezeu, și ție însuți. Să trăiești pentru tine înseamnă să-ți slujești carnea, iar cel ce trăiește după carne nu poate fi plăcut lui Dumnezeu, ci se opune lui Dumnezeu. Ca atare, el dă spațiu inamicului și procură hrană demonilor. Hrănim demonii din viețile noastre prin mândrie, aroganță, vanitate, încăpățânare, neiertare, certuri între frați - și nimic din toate acestea nu ar trebui să se găsească între credincioși! A fi *cel din urmă* și *slujitorul tuturor* este o poziție de moarte față de sine - o poziție de care diavolului îi e frică cel mai tare, pentru că, pe această cale, împărăția întunericului începe să se destrame și Dumnezeu începe să crească în noi.

Isus ne-a învățat, de asemenea, să fim credincioși *în lucrurile mici* și să fim credincioși cu *ceea ce nu este al nostru* (Luca 16:10-12). Uneori, lucrurile mici ne cer mai multă putere decât cele mari. Chiar dacă lucrarea ta este măruntă şi neînsemnată în ochii tăi, este important să rămâi credincios şi să faci totul ca pentru Domnul. *De ce? De ce trebuie să fac lucrurile acestea mărunte, când eu sunt capabil de lucruri cu mult mai mari?* Nimeni nu îţi pune la îndoială abilităţile sau capacitatea. Cu toate acestea, Duhul Sfânt vrea să abordeze caracterul tău, motivaţiile inimii tale, modul tău de gândire şi, pas cu pas, El va construi în tine trăsături dumnezeieşti. Ideea este să-I dai lui Dumnezeu voie să te înveţe să fii credincios în lucruri mărunte.

Următorul pas este să fii credincios în ceea ce aparţine altcuiva. Cu alte cuvinte, să fii credincios în teritoriul chemării altcuiva – slujindu-i pe alţii în afacerea ori lucrarea lor. Să spunem că dai o mână de ajutor la o biserică locală. Acela este teritoriul chemării pastorului tău, care i-a fost încredinţat lui de către Dumnezeu! Este scris: „Tot ce voiţi să vă facă vouă oamenii, faceţi-le voi lor" (Luca 6:31). Prin acest proces, Dumnezeu te învaţă să fii credincios în ceea ce aparţine altcuiva. În drum spre chemarea ta, alţii vor sluji şi vor depune efort în lucrarea sau în afacerea ta, aşa cum faci şi tu acum pentru altcineva.

Crescând acolo unde te pune Dumnezeu

Îmi aduc aminte că după ce m-am pocăit, nu am vrut să fiu indolent în biserica locală. Cum ar fi posibil să Îl iubeşti pe Dumnezeu şi să nu iubeşti biserica în care ai fost pus, care este trupul lui Isus Hristos? Am profitat de orice oportunitate de a sluji şi de a da o mână de ajutor, pe orice cale. În Galateni scrie:

> „Dar câtă vreme moştenitorul este nevârstnic, eu spun că nu se deosebeşte cu nimic de un rob, măcar că este stăpân pe tot. Ci este sub epitropi şi îngrijitori până la vremea rânduită de tatăl său." (Galateni 4:1-2)

Eu cred că este un timp rânduit de Dumnezeu în viața ta când Tatăl te va elibera să intri în chemarea ta și să îți pui în mișcare destinul, dar calea într-acolo trece prin biserica locală: Dumnezeu te pune într-un trup în care să crești, să te dezvolți și să te supui îngrijitorilor și procesului prin care Dumnezeu te hrănește.

Cu prilejul întâlnirii mele cu Isus, mi-a spus totul despre menirea și scopul meu și încotro mă va conduce. Singurul lucru pe care nu l-a menționat a fost timpul când se vor întâmpla toate acestea. În viață, m-am supus și m-am angajat să fac tot ceea ce pastorul din biserica mea locală mi-a cerut să fac. Am vrut să fiu găsit demn de încredere înaintea lui Dumnezeu în toate lucrurile și am vrut să fiu slujitorul tuturor; să fiu credincios în lucruri mici și în ceea ce aparține altcuiva. Nu am așteptat să mi se ceară să fac ceva – am căutat oportunități de a sluji. În mintea mea, Îl întrebam pe Dumnezeu: „*Doamne, ce altceva mai pot face?*" Nu-mi păsa de ce nu făceau alții acel lucru – eu voiam să fiu o binecuvântare pentru biserica locală și credincios în ceea ce făceam. Prin acest proces, Dumnezeu a început să mă conducă, pas cu pas, în destinul meu și în zona mea de influență, din care să devin o binecuvântare pentru toate națiunile.

Începutul înălțării este să te faci cel din urmă și slujitorul aproapelui tău, să fii credincios în lucruri mărunte și să fii credincios în chemarea altcuiva. Să învățăm să umblăm, să trăim și să facem toate lucrurile înaintea lui Dumnezeu, fără să căutăm aplauze. Acestea sunt adevărurile pe care le învăț în echipa mea de slujire. Adevărata slujire nu începe pe scenă; ea începe din adâncul motivațiilor inimii – acolo unde locuiește Duhul lui Dumnezeu. Trebuie să-I dăm voie Duhului Sfânt să pătrundă în adâncul inimilor noastre și să înlăture de acolo orice ipocrizie. Mă tem să nu începem să ne ridicăm mai sus în lucrare și să nu-I dăm voie lui Dumnezeu să trateze motivele noastre interioare – pentru că, astfel, putem ajunge să ne pierdem ungerea. Prieteni, să nu devenim niciodată mari în ochii noștri.

Chemat

Apreciază atunci când Dumnezeu te aliniază la standardul principiilor Lui. Cu toții ne aflăm în proces. Dumnezeu este interesat să ne transforme mentalitatea și caracterul ca să ne aducă la poziția de conducere – la a fi cei dintâi, la poziția de fii și de preoție împărătească.

Cercetează-mă, Dumnezeule, și încearcă-mi inima! Vezi dacă sunt pe o cale periculoasă și du-mă pe calea neprihănirii. Vreau să rămân mic în ochii mei! Schimbă-mă și ajută-mă să obțin victoria asupra sinelui meu. Mă dau Ție cu totul, să fiu sclavul Tău pe viață.

CAPITOLUL 17.

Lecții

Destinul divin al vieţii unei persoane este un mister care este dezvăluit în mod individual acelei persoane de către Duhul Sfânt. Este scris că nimeni nu cunoaşte lucrurile lui Dumnezeu, decât Duhul lui Dumnezeu (1 Corinteni 2:11-12). De aceea, dacă eşti în căutarea chemării lui Dumnezeu pentru viaţa ta, caut-o în Dumnezeu şi în voia Lui. Nu te aştepta să-ţi fie descoperită printr-un om - Dumnezeu nu-Şi va da gloria altcuiva! Da, Domnul numeşte apostoli, profeţi, învăţători şi pastori în biserică pentru echiparea sfinţilor în vederea slujirii; însă, în ceea ce priveşte chemarea ta personală, nimeni nu ştie planul lui Dumnezeu - care era deja pus la punct înainte ca tu să te afli în pântecele mamei tale. Uneori, nici chiar părinţii, cu toată spiritualitatea, cunoaşterea, dragostea şi experienţa lor, nu recunosc voia lui Dumnezeu pentru viaţa copilului lor şi nu au o explicaţie pentru anumite evenimente ori lucruri care i se întâmplă acelui copil.

Drag prieten, o chemare de la Dumnezeu nu este determinată de situaţia familiei tale, de statutul social sau de cultura în care te-ai născut şi ai crescut. Atunci când citesc povestea lui Iosif din Sfintele Scripturi, văd cele mai măreţe lecţii pe care Dumnezeu vrea să ne înveţe prin viaţa lui. Eu le numesc „lecţiile lui Iosif."

Visele lui Iosif

Iosif era apropiat de tatăl său, iar acesta îl iubea foarte mult; era fiul născut la bătrânețe. Într-o zi, Iosif a avut un vis profetic și, în simplitatea inimii lui, l-a împărtășit fraților săi. Eu înțeleg complet comportamentul lui Iosif – visul acela nu îi dădea odihnă. De fapt, atunci când Dumnezeu îți dă o viziune, aceasta aprinde în tine credință și aproape că nu te poți abține să nu o împărtășești cu cineva. Însă, frații lui Iosif l-au urât cu atât mai mult.

> El le-a zis: „Ia ascultați ce vis am visat! Noi eram la legatul snopilor în mijlocul câmpului și iată că snopul meu s-a ridicat și a stat în picioare, iar snopii voștri l-au înconjurat și s-au aruncat cu fața la pământ înaintea lui." Frații lui i-au zis: „Doar n-ai să împărățești tu peste noi? Doar n-ai să ne cârmuiești tu pe noi?" (Geneza 37:6-8)

Răspunsul corect era: „Da, exact așa se va întâmpla." Uneori, lucrul cel mai dificil pentru persoana care a primit o viziune este să o accepte și să o creadă. Și uneori, cea mai mare smerenie poate fi înțeleasă drept mândrie în ochii omului. Însă, să te smerești înseamnă să te supui voii lui Dumnezeu, dorințelor Lui și să-L lași să fie Domnul vieții tale.

> Și l-au urât și mai mult din pricina viselor lui și din pricina cuvintelor lui. Iosif a mai visat un alt vis și l-a istorisit fraților săi. El a zis: „Am mai visat un vis! Soarele, luna și unsprezece stele se aruncau cu fața la pământ înaintea mea." L-a istorisit tatălui său și fraților săi. (Geneza 37:8-10)

Și, din nou, Iosif și-a dat glas viselor, deși, cred eu, frații lui nu mai voiau să-l audă, fiindcă erau răniți în orgoliul lor.

> Tatăl său l-a mustrat și i-a zis: „Ce înseamnă visul acesta pe care l-ai visat? Nu cumva vom veni eu, mama ta și frații tăi să ne aruncăm cu fața la pământ înaintea ta?" (Geneza 37:10)

Din nou, răspunsul cel mai umil pe care Iosif l-ar fi putut da este: „Da, așa va fi." Închipuie-ți numai intensitatea situației acesteia și furtuna care se stârnea în inimile fraților săi – aceștia erau furioși. Până și tatăl lui, care îl iubea pe Iosif mai mult decât pe ceilalți copii, nu vedea imaginea de ansamblu și nu recunoștea chemarea lui Dumnezeu pentru viața fiului lui. Dumnezeu avea de gând să-l pună pe Iosif în poziția de a fi cel dintâi și de a deveni șef, spre beneficiul tatălui său, al rubedeniilor lui și al întregului trib al lui Israel.

Viziunea poate să nu aibă sens!

Printr-un vis, Iosif a putut să vadă un fragment specific din destinul lui: Dumnezeu i-a arătat poziția spre care avea să-L conducă. Cu alte cuvinte, Dumnezeu i-a permis lui Iosif să se vadă prin ochii Lui. Când Dumnezeu îți dă o viziune, multe lucruri s-ar putea să nu aibă sens imediat. Cu toate acestea, să fii încrezător că această viziune va deveni într-o zi realitate în viața ta, pentru că atunci când eliberează viziunea Lui peste tine, Dumnezeu îți dă și credință. Iosif nu avea cunoștință de momentul în care aveau să se adeverească lucrurile pe care le văzuse. Mai întâi, trebuia să treacă prin procesul de modelare și prin metoda lui Dumnezeu de înălțare, prin care îl forma și îl pregătea să pășească în destinul lui.

Iosif a primit acele vise profetice la vârsta de 17 ani și abia la 30 de ani s-a înfățișat înaintea lui faraon și a fost înălțat la acea poziție de cinste. În toți acei ani, a trecut printr-un proces prin care Dumnezeu împlinea visul pe care Iosif îl avusese cu mult timp în urmă. Lucrul cel mai interesant este că, în acel proces, Dumnezeu a permis ca Iosif să fie respins de toată lumea și să-și piardă speranța în oameni, astfel încât Dumnezeu să devină singura lui nădejde! Însuși cuvântul lui Dumnezeu l-a testat pe Iosif în vederea înălțării sale și, la vremea potrivită, i-a permis să stăpânească. Biblia spune:

„Le-a trimis înainte pe un om: Iosif a fost vândut ca rob. I-au strâns picioarele în lanțuri, l-au pus în fiare până la vremea când s-a întâmplat ce vestise el și până când l-a încercat Cuvântul Domnului." (Psalmul 105:17-19)

Dumnezeu l-a modelat astfel încât să devină un conducător pentru întreaga națiune. Ceea ce adesea noi numim încercare, Dumnezeu numește proces. De fapt, dificultatea nu stă atât de mult în calea de urmat, ci în reacția noastră la circumstanțele pe care le întâmpinăm de-a lungul ei. În procesul de găsire a adevăratei noastre identități în Dumnezeu, trebuie să ne pierdem sinele carnal. Nu uita: viziunea pe care ți-o dă Dumnezeu îți va cere totul.

Iosif a fost tratat ca și când era *cel din urmă.* Frații lui l-au urât într-atât încât l-au aruncat într-o groapă și au vrut să-l ucidă; apoi, l-au trădat și l-au vândut ca sclav în Egipt. Dar asta nu a împiedicat ceea ce Dumnezeu voia să facă prin viața lui Iosif.

„Domnul a fost cu Iosif, așa că toate îi mergeau bine; el locuia în casa stăpânului său, egipteanul. Stăpânul lui a văzut că Domnul era cu el și că Domnul făcea să-i meargă bine ori de ce se apuca." (Geneza 39:2-3, NLT)

Adesea, noi ne uităm la textele acestea într-o manieră prea conservatoare. Până la urmă, Iosif era un tânăr care fusese renegat de propriii săi frați. Lăsase în urmă tot ceea ce îi era drag – familia, casa și poporul lui. Era respins și pierdut, dar nu frânt! *Ce îl ținea pe Iosif cu mintea întreagă, în acele vremuri deloc ușoare?* Eu cred că viziunea pe care o primise și înțelegerea faptului că Dumnezeu era cu el aduceau în viața lui teamă de Dumnezeu și credință. Este limpede că Iosif avea o relație personală cu Dumnezeu.

Credincioșia câștigă favoare

Să observăm că Iosif umbla înaintea lui Dumnezeu și făcea tot ceea ce îi stătea în putere – asta înseamnă că nu se mulțumea să facă minimul necesar, ci își îndeplinea fiecare sarcină cu excelență! Chiar dacă s-a trezit, pe nepusă masă, într-o poziție de sclav, Iosif s-a făcut de bunăvoie slujitorul tuturor – deși ar fi putut, pe bună dreptate, să se simtă ofensat de lumea întreagă și să nu vrea să ridice un deget în ajutorul altcuiva. *De ce s-a mai sinchisit să încerce?* Până la urmă, să fii sclav într-o țară străină însemna că nu aveai prea multe șanse de promovare. Însă, Iosif umbla înaintea lui Dumnezeu. Nu înțelegea el pe deplin faptul că împlinea principiile Noului Testament, pe care Isus avea să le rostească, o mie de ani mai târziu – credincioșia în lucruri mărunte și în cele care nu sunt ale tale. Iosif slujea cu sinceritate, făcând toate ca înaintea lui Dumnezeu și pentru Dumnezeu, motiv pentru care Domnul a făcut să aibă succes în ceea ce făcea.

Și Iosif a găsit favoare înaintea lui Potifar, stăpânul lui, și l-a slujit.

> „Stăpânul lui a văzut că Domnul era cu el și că Domnul făcea să-i meargă bine ori de ce se apuca. Iosif a căpătat mare trecere înaintea stăpânului său, care l-a luat în slujba lui, l-a pus mai-mare peste casa lui și i-a încredințat tot ce avea. De îndată ce Potifar l-a pus mai-mare peste casa lui și peste tot ce avea, Domnul a binecuvântat casa egipteanului din pricina lui Iosif, și binecuvântarea Domnului a fost peste tot ce avea el: fie acasă, fie la câmp. Egipteanul a lăsat pe mâinile lui Iosif tot ce avea și n-avea altă grijă decât să mănânce și să bea. Dar Iosif era frumos la statură și plăcut la chip." (Geneza 39:3-6)

Dacă Iosif ar fi fost forțat să muncească, nu ar fi câștigat niciodată favoarea lui Potifar! De asemenea, dacă şi-ar fi îndeplinit îndatoririle doar de ochii stăpânului său, acesta din urmă nu i-ar fi încredinţat niciodată întreaga lui casă. Iosif a rămas credincios în treburile unui străin, făcând toate lucrurile ca pentru Domnul şi, pentru asta, a câştigat favoare.

Nu-ţi da chemarea la schimb pe succes

Credincioşia lui l-a promovat pe Iosif la o poziţie de conducere peste toată casa lui Potifar. Dar, dacă nu ar fi avut viziunea pe care i-o dăduse Dumnezeu, cu mult timp în urmă, Iosif ar fi putut interpreta succesul din casa lui Potifar ca fiind cel mai mare har din partea Domnului peste viaţa lui. Când a ajuns managerul gospodăriei lui Potifar, Iosif ar fi putut lesne decide că tocmai îşi intrase în chemare. Ar fi putut decide că loialitatea şi munca lui asiduă fuseseră, în sfârşit, observate şi apreciate!

Dar, iată unde pândeşte pericolul: faptul că obţii succes într-un anumit sezon al vieţii te poate împiedica să înaintezi către împlinirea adevăratului tău scop. Succesul de ieri poate deveni un mare inamic al chemării tale. Domnul mi-a arătat că mulţi oameni au încetat să-şi mai urmărească chemarea şi au rămas *în casa lui Potifar!* S-au făcut comozi acolo şi au început să se bucure de viaţa de acolo. Da, este important să fii credincios în ceea ce nu este al tău, dar nu lăsa succesul de care te bucuri în casa lui Potifar să te oprească de la împlinirea adevăratul scop pe care Dumnezeu îl are pentru viaţa ta. Nu avem niciun drept să schimbăm o chemare cu o binecuvântare! Prea mulţi oameni au ales succesul; aceştia s-au maturizat şi au înflorit în viziunea altcuiva şi au văzut realizări în teritoriul darului lor – şi, din păcate, nu au mers mai departe de-atât. Înţelege că Dumnezeu vrea să te conducă spre adâncimile chemării tale şi o va face scoţându-te, din nou şi din nou, din zona ta de confort! Multora le este frică de asta, de aceea îşi compromit chemarea, de dragul unei poziţii sau al unui succes în casa lui Potifar.

Succesul creează o viaţă confortabilă; însă, chemarea produce însăşi atmosfera de viaţă din interiorul tău. Oamenii care aleg să rămână în zona lor de confort vor pierde atmosfera de viaţă din interiorul lor, pentru că adevăratul sens al vieţii şi adevăratul sentiment de împlinire se găsesc doar în zona chemării tale. Nu te opri; dă-I voie lui Dumnezeu să te conducă mai departe spre poziţia de cel dintâi, din care să influenţezi şi să îţi împlineşti scopul.

Dumnezeu avea planuri colosale cu Iosif. Aşa că, pentru a-l duce spre ele, a permis să vină peste el o serie de greutăţi şi încercări. Iosif nu s-a compromis şi a ajuns în închisoare. Din perspectivă omenească, faptul că era în închisoare nu părea defel o înălţare, ci mai degrabă o criză şi un colaps. Însă, Domnul cunoştea calea pe care Iosif avea nevoie să apuce ca să poată fi condus înspre destinul lui şi să ajungă să domnească.

> „A luat pe Iosif şi l-a aruncat în temniţă, în locul unde erau închişi întemniţaţii împăratului, şi astfel Iosif a stat acolo, în temniţă. Domnul a fost cu Iosif şi Şi-a întins bunătatea peste el. L-a făcut să capete trecere înaintea mai-marelui temniţei. Şi mai-marele temniţei a pus sub privegherea lui pe toţi întemniţaţii care erau în temniţă. Şi nimic nu se făcea acolo decât prin el. Mai-marele temniţei nu se mai îngrijea de nimic din ce avea Iosif în mână, pentru că Domnul era cu el. Şi Domnul îi dădea izbândă în tot ce făcea." (Geneza 39:20-23)

Acesta era drumul lui Iosif spre ascensiune. Cel mai interesant este că Iosif a continuat să-i slujească pe alţii – chiar şi în închisoare. De la un capăt la altul al poveştii lui, Dumnezeu scoate în evidenţă caracterul şi calităţile lui Iosif: oriunde era şi oricare era poziţia pe care o deţinea, Iosif alegea să fie slujitorul tuturor – arătându-se credincios în lucruri mici şi în cele ce aparţineau altora. El a continuat să trăiască înaintea lui Dumnezeu şi Dumnezeu i-a făcut parte de favoare. Favoarea vine doar atunci când slujeşti ca pentru Domnul, şi nu doar pentru a fi văzut de alţii. Din nou, şi în închisoare fiind, Iosif a fost pus într-o poziţie de influenţă!

> După câtăva vreme, s-a întâmplat că paharnicul şi pitarul împăratului Egiptului au supărat pe stăpânul lor, împăratul Egiptului. Faraon s-a mâniat pe cei doi dregători ai săi: pe mai-marele paharnicilor şi pe mai-marele pitarilor. Şi i-a pus sub pază în casa căpeteniei străjerilor, în temniţă, în locul unde fusese închis Iosif. Căpetenia străjerilor i-a pus sub supravegherea lui Iosif, care făcea de slujbă lângă ei, şi au stat mai multă vreme în temniţă. Paharnicul şi pitarul împăratului Egiptului, care erau închişi în temniţă, au visat într-o noapte amândoi câte un vis, şi anume fiecare câte un vis care putea să capete o tălmăcire deosebită. Iosif, când a venit dimineaţa la ei, s-a uitat la ei şi i-a văzut trişti. Atunci a întrebat pe dregătorii lui Faraon, care erau cu el în temniţa stăpânului său, şi le-a zis: „Pentru ce aveţi o faţă aşa de posomorâtă azi?" Ei i-au răspuns: „Am visat un vis şi nu este nimeni care să-l tălmăcească." Iosif le-a zis: „Tălmăcirile sunt ale lui Dumnezeu. Istorisiţi-mi dar visul vostru." (Geneza 40:1-8)

Iosif s-a întrecut pe sine şi a slujit în oportunităţi care nu făceau deloc parte din îndatoririle lui. Închipuie-ţi conversaţia lor, când Iosif a întrebat, într-o închisoare: „De ce sunteţi atât de trişti azi?" Doar o persoană vindecată, care se teme cu adevărat de Dumnezeu şi poate sluji cu darul ei, poate pune o astfel de întrebare.

Rostirea adevărului

Atunci când a interpretat primul vis, Iosif şi-a dat seama cât de norocos era să fie de ajutor unui bărbat aflat într-o poziție foarte înaltă, care urma să fie, în curând, eliberat din închisoare și reașezat într-o slujbă din apropierea împăratului. Astfel că a zis: „Adu-ți aminte de mine când îți va merge bine." Cu toate acestea, Iosif nu apela la lingușeli sau tertipuri pentru a obține favoruri de la oameni. Dacă i-ar fi fost frică de oameni sau de opiniile lor, nu ar mai fi putut interpreta cel de-al doilea vis cu atâta franchețe! Visul celui de-al doilea bărbat era o umbră a morții. Chiar și știind că brutarul-șef urma să fie executat, Iosif i-a relatat acestuia interpretarea visului, fără să lase loc pentru un comportament laș ori pentru compromiterea adevărului. Dacă s-ar fi preocupat mai mult să fie pe placul oamenilor decât să rostească adevărul, nu ar fi putut să îi spună asemenea lucruri unei persoane aflate într-o poziție înaltă de putere. Iosif nu a încercat să intre sub pielea unui bărbat cu un rang înalt, ci a rostit adevărul pe care Dumnezeu i l-a descoperit. El L-a lăsat pe Dumnezeu să-l înalțe la vremea rânduită de Tatăl și a fost credincios în darurile pe care Domnul i le-a încredințat! De aceea, din gura lui a ieșit doar adevărul, dezvăluind tot ceea ce Dumnezeu îi arătase.

Am văzut loialitatea lui Iosif: tot ceea ce a făcut, a făcut ca pentru Domnul, umblând mereu înaintea lui Dumnezeu. La rândul meu, m-am găsit în situații în care am fost nevoit să vorbesc deschis despre ceea ce am văzut și despre ceea ce spune Biblia – fără să mă gândesc cine era persoana dinaintea mea și fără să-mi pese dacă aceasta avea să mă placă sau nu în urma celor spuse. Nu am niciun drept să compromit adevărul ori să fiu laș; trebuie să fiu credincios Cuvântului lui Dumnezeu, darului Său și chemării mele.

Oricare ar fi anotimpul în care te afli în viață, nu recurge la ipocrizie și la lingușirea altora, ci slujește cu o inimă curată, ca pentru Domnul. Ceea ce Dumnezeu a pus în interiorul tău nu poate lua nimeni. „Înălțarea nu va veni de la răsărit, ori de la apus, ci de la Domnul" (Psalmul 75:6). Iar dacă înălțarea este de la El, atunci să căutăm căile Lui și să-L lăsăm pe El să ne conducă și să ne modeleze. Umblarea înaintea lui Dumnezeu va atrage favoarea Lui peste tine și vei vedea cu ochii tăi cum mâna Celui Preaînalt va fi peste viața ta. Tot ceea ce Dumnezeu vrea este să ne punem sub domnia și călăuzirea Lui, să fim credincioși în lucruri mici și în cele ce nu ne aparțin, să devenim slujitorii tuturor și să umblăm înaintea Lui.

A venit timpul rânduit de Dumnezeu și iată că Iosif a stat înaintea faraonului, care l-a înălțat și l-a făcut stăpân peste casa lui și conducător peste toată țara Egiptului. Iosif a domnit peste tot Egiptul, înțelepți au venit să fie instruiți de el și Iosif i-a învățat pe bătrânii Egiptului înțelepciunea (Psalmul 105:17-22). Dă-mi voie să te întreb: *De unde a avut Iosif cunoașterea și toate răspunsurile? De unde veneau înțelepciunea și abilitatea lui de a interpreta vise? Ce școală făcuse el? Ce academie? Ce fel de înțelepciune le putea transmite el sfetnicilor Egiptului, pe care aceștia să nu o fi avut deja?* Eu cred că cea mai mare înțelepciune se găsește în maturitatea în Dumnezeu – frica de Domnul este începutul înțelepciunii, El Își descoperă legământul Lui celor ce Îl iubesc. Maturitatea are legătură cu procesul prin care Dumnezeu călăuzește oamenii.

Într-o singură zi, Domnul l-a înălțat pe Iosif făcându-l conducătorul întregii țări a Egiptului, părinte pentru faraon și stăpân peste toată casa lui. Iar când, la vârsta de 30 de ani, Iosif a stat în fața rubedeniilor sale și toți frații i s-au închinat, poziția lui nu îl făcea arogant sau mândru; dimpotrivă, Iosif devenise suficient de matur încât să poată fi responsabil pentru toată linia familiei – întreaga națiune – și toată generația care a urmat după el. Astfel, visele lui Iosif s-au adeverit și el a devenit o binecuvântare pentru toate națiunile.

CAPITOLUL 18.

Plinătate

Este un timp specific rânduit de Tatăl pentru viața ta, când se va împlini vremea și El îți va încredința ceea ce ți-a fost predestinat încă de la începutul timpului. O responsabilitate enormă ți se va pune pe umeri pentru oamenii pe care va trebui să-i conduci în promisiunile lui Dumnezeu. Domnul să fie cu tine!

Petrece timp cu Dumnezeu și caută zilnic fața Lui. Continuă să urmezi căile Lui și încredințează-I Lui procesul. Eu cred că drumul spre destinul tău trece prin biserica locală. O persoană nu poate crește și nu se poate dezvolta deplin de una singură, în afara bisericii. Până la urmă, Dumnezeu procură slujitori pentru echiparea sfinților. Am întâlnit mulți oameni talentați și capabili care, din păcate, nu și-au împlinit niciodată scopul. Îți vor spune cum să slujești și ce să faci; însă ei nu au fost altoiți în trupul lui Hristos și, deci, nu au roade. Trebuie să te supui lui Hristos, care este Capul Bisericii, și să fii unit cu El – abia atunci vei avea parte de creștere spirituală și maturitate în Dumnezeu. Procesul acesta te va scoate cu totul din zona ta de confort. Dumnezeu întotdeauna rămâne credincios Cuvântului Său: cu siguranță, El va lucra în tine și te va conduce pe înălțimi la care nu poți ajunge de unul singur.

O lucrare a creșterii

Uitându-mă în urmă, îmi aduc aminte de serile de rugăciune ținute în casa mea. Prezența lui Dumnezeu era atât de puternică în mijlocul nostru încât atrăgea tot mai mulți oameni! În scurt timp, în micul nostru apartament nu mai era loc pentru acele întâlniri. Așadar, după ce am discutat cu pastorul nostru, ne-am mutat întâlnirile în clădirea bisericii, pentru ca întâlnirile noastre de tineret să nu fie separate de celelalte slujiri ale bisericii. Întotdeauna mi-am dorit să fiu o binecuvântare pentru biserica noastră locală, în care sunt membru și în ziua de azi.

Lucrarea cu tinerii a crescut. În curând, Duhul Sfânt mi-a vorbit și mi-a dat o strategie de a ne extinde și de a organiza servicii de trezire pentru tinerii din tot orașul. La momentul acela, eram deja ordinat ca pastor de tineret și eram înconjurat de tineri care mă ajutau cu diverse aspecte ale lucrării. Împreună cu acești voluntari, am început să pun pe picioare o echipă de slujire. Serviciile din oraș le țineam în campusul bisericii noastre locale, în fiecare ultimă duminică a lunii. Abordam aceste servicii cu creativitate, folosindu-ne de fiecare oportunitate de a influența și de a ajuta tinerii. Veștile se răspândeau rapid și, lună de lună, clădirea noastră era plină ochi de tineri.

Aceste servicii aveau o influență bună asupra tinerilor și mulți veneau la altar ca să se pocăiască și să primească eliberare. Am continuat să slujim tinerilor adulți, formând grupuri de casă. Lucrarea lua amploare cu repeziciune și își lua avânt. Am văzut mâna lui Dumnezeu și binecuvântarea Lui peste mine. Însă, după un timp, am început să observ că tinerii mă priveau cu admirație și ascultau de mine mai mult decât de pastorul senior. Am înțeles că, dacă nu schimb ceva, lucrarea cu tinerii avea să producă, în scurt timp, o mare dezbinare în biserică.

Simțeam o mare nevoie de călăuzire divină, așa că m-am încuiat într-o cameră și am început să mă rog fierbinte. Îmi amintesc cât de clar mi-a vorbit Dumnezeu, spunându-mi: *„Eu nu te-am chemat să dezbini biserica. Te-am chemat să fii o binecuvântare pentru trupul Meu și bisericile locale."* În timpul acelei rugăciuni, Duhul Sfânt mi-a arătat dorința Lui de a mă conduce mai departe; planurile Lui pentru mine erau mult mai mari și mai mărețe. Dumnezeu mi-a mai spus și că voia să împlinesc ceea ce rânduise pentru mine prin trupul Său.

Deodată, am înțeles că succesul meu vizibil în lucrarea cu tinerii avea potențialul de a mă orbi și de a mă împiedica să ating adevăratul scop pe care Dumnezeu îl avea pentru mine. Aveam nevoie să mă încred în Dumnezeu și să ascult de glasul Lui, astfel încât să pot deveni o binecuvântare pentru tot trupul lui Isus Hristos.

Un aer de schimbare

Adunând liderii de tineret, i-am anunțat că, începând din acea zi, cu toții ne vom supune pastorului senior și vom executa tot ceea ce ne dădea acesta de făcut. Am subliniat faptul că noi nu suntem pe cont propriu, ci facem parte din biserica locală, de aceea trebuie să ne supunem viziunii acesteia.

Lucrarea mea a continuat să crească și să ia avânt. Nu după mult timp, am fost ordinat ca pastor evanghelic. În lumea vizibilă, succesul lucrării era de netăgăduit și aducea binecuvântare multor oameni. Însă știam că, într-o zi, urma să îmi sacrific succesul pentru ceva mai măreț – adevărata menire pe care Dumnezeu o avea pentru viața mea. Știam că avea să vină o vreme când să mi se ceară să-l aduc pe Isaac ca jertfă pentru ca Dumnezeu să mă poată conduce mai departe. Procesul acesta era foarte interesant și oarecum neobișnuit.

La începutul anului 2010, am simțit, deodată, că energia și tăria lăuntrică pe care le aveam cândva pentru lucrarea cu tinerii mi-au dispărut. Am încercat să înțeleg de ce mă simțeam așa. Cu doar o zi în urmă, avusesem multe idei, o viziune și o grămadă de energie pentru această lucrare! Apoi, ceva s-a schimbat, brusc, în interiorul meu – toate acestea au dispărut. Ceea ce îmi fusese cândva atât de drag și de prețios ajunsese să fie acum ceva străin și îndepărtat. Am început să simt că lucrarea nu îmi mai aparținea.

Dumnezeu a început să-mi vorbească prin cuvintele Scripturii că venise timpul să lansez o lucrare internațională. Asta părea să se întâmple la momentul cel mai inoportun. La o adică, aveam deja succes ca slujitor într-o biserică locală și o mulțime de responsabilități, simțindu-mă destul de confortabil și încrezător. Pentru a înainta în chemarea mea, mi se cerea să ies cu totul din zona mea de confort, din locul în care aveam succes și binecuvântare. *De ce să încep ceva nou? Nu am cu ce construi o lucrare: nu am resurse, nu am susținere, nu am oameni.* Echipa cu care lucram era implicată total și conectată la lucrarea bisericii noastre locale. *Cum să las totul în urmă acum? De unde să încep?*

Întrebările începeau să se adune. Îmi cercetam în permanență inima, întrebându-mă: „*Cum este cu putință? La o adică, sunt singur-singurel, cine ar vrea să îmi fie alături?*" Cu toate acestea, cu cât petreceam mai mult timp în locul tainic, cu atât înțelegeam că trebuia să urmez pilda lui Avraam, care s-a încrezut în Dumnezeu și s-a supus chemării lui, aventurându-se în necunoscut. Timpul meu rânduit de Dumnezeu venise.

Pășind afară la momentul potrivit

Eu și soția mea aveam grijă să nu ne începem în pripă lucrarea, așa că ne rugam în permanență, cerându-I lui Dumnezeu să ne dea înțelegere asupra timpului potrivit și rugându-ne ca El să meargă înaintea noastră. De asemenea, pentru mine era important să avem parte de binecuvântarea bisericii. Nici prin gând nu-mi trecea să încep o lucrare dând foc podurilor din urma mea și trântind ușile, ca pentru a demonstra tuturor că eu aveam dreptate, că mă născusem pentru mai mult și că Dumnezeu

Însuși mă chema în acea lucrare. Nu, ci, împreună cu soția mea, așteptam și ne rugam ca biserica noastră să ne binecuvânteze atunci când venea timpul.

Dumnezeu a început să confirme cuvântul dat în diferite moduri: prin Scriptură, prin vise și prin alți oameni. Îmi aduc aminte că, într-o noapte, într-un vis, Dumnezeu Și-a pus o mână peste mine și ungerea a început să-mi curgă ca un foc prin tot trupul. O simțeam în mod fizic. Apoi, L-am auzit spunând: *„Du-te. Eu sunt cu tine. Fă ceea ce te-am chemat să faci.”* A doua zi dimineața, când m-am trezit, eram plin de încredere că, într-adevăr, venise timpul. Dumnezeu mă chema să merg mai departe.

Cu toate acestea, circumstanțele vizibile din jurul meu sugerau contrariul. Încă o dată în viață, mă aflam în „grădina Ghetsimani” și se dădea din nou o luptă între lumea văzută și lumea lăuntrică a duhului meu. Știam că trebuia să fac un pas în credință, să ies din barcă și să umblu pe apă, dar nu știam cum să fac asta! În lumea văzută, nu eram suficient de puternic și eram incapabil să pășesc în destinul meu. *Cine mă va susține? Cum vor afla oamenii despre mine? Cine mă va invita să le slujesc? Cum se va desfășura fiecare eveniment?* În mine, se dădea o luptă aprigă.

În acest timp, un grup de misionari a venit acasă la mine pentru o întâlnire de rugăciune. În timpul rugăciunii și al laudei, Duhul Domnului a coborât cu putere peste noi. Misionarii au început să profețească în viața mea. Cuvântul profetic fusese foarte strict. Am înțeles că Dumnezeu, Tatăl meu, îmi vorbea ca unui fiu, chemându-mă să fac voia Lui! Dumnezeu mi-a spus că, într-o zi, mă va chema să dau socoteală pentru tot ceea ce mi-a încredințat. Trebuia să ascult de glasul Lui, să mă duc și să fac ceea ce mă chema să fac.

Dragul meu prieten, atunci când vine timpul rânduit de Tatăl în viața ta, îl vei cunoaște și recunoaște, fără umbră de îndoială. Cuvântul Domnului te va găsi, Dumnezeu îți va vorbi din interior și Își va confirma cuvintele prin surse exterioare. Exact așa s-a întâmplat și în cazul meu.

Chemat

Concluzia acestui capitol de tranziţie din viaţa mea a fost momentul în care Dumnezeu i-a vorbit soţiei mele. De-a lungul întregului proces, întotdeauna mi-am dorit ca soţia mea să fie nu doar de partea mea ca sprijin, ci să fie unită cu mine în viziunea aceasta. Într-o noapte, Dumnezeu mi-a răspuns rugăciunii şi i-a arătat Natashei un vis profetic. Timp de mai multe zile, ea n-a suflat o vorbă despre el, ci doar l-a rumegat în mintea ei. Natasha rareori are parte de vise profetice, de obicei eu sunt cel căruia Dumnezeu îi vorbeşte prin ele.

În visul ei, se găsea la o coadă înaintea tronului lui Dumnezeu. Șirul de oameni era foarte lung şi, unul câte unul, îi vedea apropiindu-se de tron ca să dea raportul. Îngerul venea, lua câte o persoană şi o ducea înaintea tronului. Eu stăteam în faţa Natashei, iar ea a văzut îngerul luându-mă de mână şi conducându-mă înaintea tronului. În timp ce eu stăteam în picioare acolo, ea îmi studia cu atenție expresiile feței. Conversația pe care îngerul o purta cu mine era cu mult mai lungă decât cele avute cu cei dinaintea mea şi părea că îmi dădea nişte explicaţii. Apoi, a văzut că m-am întristat şi că mi-am plecat capul, dezamăgit. Tremurând, ea a început să ceară: *„Doamne, dă-mi voie să aud ce se petrece şi ce îi spune îngerul lui Andrey.”* Deodată, a putut auzi ultima frază pe care mi-a adresat-o îngerul: *„Te duci în cer, dar nu ai împlinit ceea ce ți-a fost predestinat.”*

Apoi, înfricoşată, Natasha s-a trezit. În acel punct, ea nu avea nicio idee asupra celor ce se petreceau în interiorul meu şi nu înţelegea pe deplin zbaterea prin care treceam. Știa doar că, în timpul acela, Dumnezeu ne făcea o chemare şi că nu trebuia să o ratăm. Câteva zile mai târziu, în sfârşit, mi-a cerut să stăm de vorbă. De îndată ce am auzit visul, toată ființa mi-a fost cuprinsă de nelinişte şi am început să tremur. Aceasta era confirmarea finală.

Capitulare și binecuvântare

În următoarele câteva zile, nu am putut dormi şi nici mânca – detaliile acelui vis îmi reveneau mereu în minte. Înţelegeam că lucrul cel mai groaznic pentru o persoană nu este moartea. Nu, partea cea mai înfricoşătoare a vieţii nu este să mori, ci să nu împlineşti niciodată menirea hărăzită ţie de către Dumnezeu. Îmi amintesc de ziua când am îngenuncheat înaintea Tatălui şi I-am spus: „Doamne, sunt al Tău cu totul. Fă ce vrei cu mine. Nu ştiu la ce să mă aştept sau cum vor fi lucrurile. Nu ştiu de unde să încep, dar capitulez cu totul în faţa Ta." Drept răspuns, L-am auzit zicând: *„Eu voi merge înaintea Ta și îți voi umple agenda. Eu voi deschide uși și te voi trimite, pas cu pas, în orașele și țările în care vreau să fii. Pe măsură ce crești în ascultare, va crește și măsura ungerii Mele în viața ta și îți va aduce succes în lucrare."* Instrucţiunile Lui erau clare. Nu trebuia să încerc să îmi fac reclamă în faţa altora sau să încerc să înaintez prin propria mea putere. În loc să îmi fac publicitate, trebuia să Îi dau Lui voie să conducă.

În timpul acelei rugăciuni, Dumnezeu m-a îndrumat să pregătesc toată documentaţia necesară pentru înregistrarea unei organizaţii caritabile non-profit şi dezvoltarea unui sistem de parteneriat în lucrare. Când toată munca administrativă a fost încheiată, Duhul Sfânt mi-a arătat că era timpul să stau de vorbă cu pastorul meu şi să-i cer bisericii să ne binecuvânteze.

Într-o zi, am mers la biserică şi am adunat echipa pastorală, explicându-le cele ce mi se întâmplau. Le-am împărtăşit revelaţiile de care avusesem parte şi le-am cerut binecuvântarea. Dumnezeu este lumină şi în El nu este întuneric, de aceea trebuie să învăţăm să umblăm în lumină, după cum şi El este în lumină. Astfel, avem părtăşie unii cu alţii – şi cu cât suntem mai deschişi, mai oneşti şi mai transparenţi, cu atât mai puternică va fi şi părtăşia noastră unii cu alţii. După ce le-am împărtăşit ceea ce aveam pe inimă, pastorul meu și echipa au fost de acord să-mi dea binecuvântarea pentru lucrarea la care Dumnezeu mă chemase.

O întâlnire divină în Germania

Odată pregătite documentele administrative și înregistrată lucrarea, am așteptat cuvântul Domnului cu privire la următorul pas. Într-o noapte, am avut un vis: m-am văzut în Germania. La deșteptare, am înțeles clar că Dumnezeu mă chema să mă duc acolo. Nu mai fusesem până atunci în Germania. În mod interesant, singura persoană pe care o cunoșteam acolo era fratele meu mai mare. Am decis să zbor spre Germania ca să-i fac o vizită, având încredere în Dumnezeu și așteptând să văd ce avea să se întâmple. Singurul lucru care mă deranja era momentul ales. Era chiar înainte de Crăciun și părea cel mai neobișnuit timp. *De ce să zbor acum, când toți sunt ocupați cu pregătirile de sărbători?* Cu toate acestea, soția mea mi-a zis: „Nu te îndoi de cuvântul Domnului, dacă El ți-a arătat ceva, doar fă-o!" Așadar, fără întârziere, i-am telefonat fratelui meu, am cumpărat un bilet și m-am îmbarcat într-un zbor spre Germania.

M-am bucurat să-mi întâlnesc fratele și pe familia lui. Mi-a făcut cunoștință cu pastorul unei biserici de ruși în care era membru. Am petrecut timp în părtășie și discuții, după care pastorul m-a invitat să vorbesc în biserica lui, în duminica următoare. Serviciul din acea duminică a durat mult mai mult decât de obicei. De regulă, ține două ore, însă a început la ora trei după-masă și a continuat timp de șase ore. Când am început să predic și să mă rog pentru oameni, Duhul Sfânt a început să lucreze, aducând vindecare și eliberare. Prezența lui Dumnezeu a fost foarte intensă. M-am rugat pentru toți cei ce și-au dorit să mă rog pentru ei.

La încheierea întâlnirii, un bărbat a venit la mine, a luat microfonul și a început să împărtășească ce i se întâmplase. Locuia în Germania și muncea din greu ca să strângă ceva bani pentru a zbura până în Almaty, în Kazakhstan, de unde voia să angajeze un asasin care să „se ocupe" de o persoană care îl nedreptăţise. Timp de mulţi ani, diavolul îl minţise pe acest om şi îl înşelase cu această amărăciune. Înainte cu doar o săptămână de zborul rezervat către Almaty, unde voia să comită această groaznică crimă, Dumnezeu l-a adus la serviciul acelei biserici. Până în acea zi, scopul vieţii sale fusese ancorat în răzbunare şi revanşă. În duminica aceea, Duhul Sfânt îl atinsese şi îl eliberase de toată suferinţa lui lăuntrică. În picioare în faţa întregii congregaţii, agăţat de microfon, mărturisea că nu mai voia să zboare nicăieri. Cu lacrimi în ochi, a adăugat: „*Nu mai vreau să omor pe nimeni. Nu mă duc nicăieri şi vreau să folosesc aceşti bani pentru a sluji Împărăţiei lui Dumnezeu!*"

Ascultând cuvintele lui, am văzut o persoană transformată – liberă şi fericită. În clipa aceea, am înţeles de ce Duhul Sfânt îmi dăduse ghes să vizitez Germania într-un moment atât de neobişnuit. Mi-am zis: „*Cum ar fi fost dacă mă lăsam pe tânjală şi amânam pentru mai târziu? Ce s-ar fi întâmplat atunci?*"

Vestea s-a răspândit cu repeziciune în mijlocul populaţiei ruse din oraş şi oamenii au început să mă viziteze şi să mă invite în casele lor, ca să mă rog pentru eliberare şi vindecare în familiile lor.

Uşi deschise

Când m-am întors în Statele Unite, un slujitor m-a contactat şi mi-a cerut să mă întâlnesc cu el. Mi-a explicat că Dumnezeu îi vorbise să înregistreze un episod pentru emisiunea lui televizată, în care eu să-mi spun mărturia personală. Am fost de acord. Când aceste programe au fost difuzate, am început să primesc invitaţii din multe locuri să merg să slujesc acolo. Eram uimit. Uşile au început să se deschidă, potopindu-mă cu oportunităţi de slujire – şi Dumnezeu Însuşi a început să-mi umple agenda. Lucrurile se derulau cu atâta repeziciune încât, dacă nu aş fi pregătit dinainte partea documentaţiei administrative, nu aş mai fi avut timp să mă ocup de ea şi m-aş fi chinuit cu acel aspect. Pe măsură ce călătoream, aveau loc mai multe semne şi minuni.

În mijlocul tuturor acestora, Dumnezeu mi-a vorbit, spunându-mi să investesc în propria emisiune televizată. Voia să-mi îndrept atenţia spre slujirea prin media. Am început să înregistrez programe, predici şi mărturii şi să le distribui cu ajutorul diverselor canale şi metode de comunicare. Prin lucrarea mediatică, am început să ajungem la tot mai mulţi oameni din jurul lumii şi să-i slujim. Am observat că, cu cât slujeam mai mult, cu atât începeau să aibă loc mai multe vindecări, mai multe miracole şi mai multe semne, iar invitaţiile continuau să curgă din diverse oraşe.

Aici se cuvine să precizez un punct foarte important: la început, îmi amintesc că mă temeam să vorbesc despre finanţe. Credeam că Dumnezeu Se va îngriji de lucrare, pentru că este lucrarea Lui, nu a mea. Însă nu ştiam cum anume avea să finanţeze toate. Sistemul de parteneriat era pus la punct, dar niciodată nu îl menţionam, pentru că era un subiect stânjenitor.

Odată, în timp ce slujeam într-o biserică, un tânăr m-a abordat împreună cu soţia lui şi m-a întrebat cum îmi puteau susţine lunar lucrarea. Întrebarea a venit din partea cui mă aşteptam mai puţin. Când mi-a spus ce sumă dorea să doneze, am fost cu adevărat surprins. Pentru mine şi pentru Natasha, era o sumă uriaşă. I-am arătat sistemul de parteneriat în lucrare, iar el a completat un formular şi a început să ne susţină, lună de lună. Un alt incident m-a luat, din nou, prin surprindere. Am primit un cec într-o scrisoare din partea unei femei din Colorado, pe nume Irina, care îmi explica că Dumnezeu i-a spus să devină partener în lucrare şi să susţină financiar lucrarea noastră, în fiecare lună.

După aceea, Dumnezeu mi-a spus să nu-mi fie frică să vorbesc despre parteneriatul financiar. Duhul Sfânt a spus: „*Treaba ta este să vorbeşti, iar Eu voi lucra la inimile copiilor Mei.*" Oameni de pretutindeni au început să ni se alăture în viziunea noastră şi să-şi investească finanțele în răspândirea Împărăției lui Dumnezeu pe tot pământul. De asemenea, mi se întâmpla adesea să fiu abordat de oameni care îmi povesteau cum le dăduse Dumnezeu ghes să devină parte a echipei noastre. Uneori, am senzația că urmăresc totul de pe margine și Dumnezeu lucrează în această lucrare. Este ceva extraordinar și toate acestea se fac prin Dumnezeu – El ne călăuzește pe căile neprihănirii, din pricina Numelui Său!

Lucrarea internațională *Flame of Fire Ministry*, demarată în 2010, a crescut și continuă să crească cu fiecare zi. Astăzi, echipa noastră călătorește în multe țări și ține seminarii, conferințe, școli de mari dimensiuni, iar prin studioul nostru slujim multora, vorbind despre isprăvile mărețe ale lui Dumnezeu și ale Cuvântului Său viu în jurul lumii. Eu cred că toate acestea sunt doar începutul viziunii pe care Dumnezeu mi-a arătat-o atunci când am avut acea întâlnire cu Isus.

Pași

De curând, conduceam prin vechiul meu cartier, dintr-un motiv sau altul, și am văzut casa în care am locuit cândva. Ceva s-a stârnit în mine și am tras mașina mai aproape, pășind în fața complexului de apartamente în care locuisem. Acum, câțiva ani mai târziu, când eram deja într-o lucrare internațională și vedeam gloria lui Dumnezeu, iată că mă aflam în locul din care începuse totul. Am deschis geamul și m-am uitat. Mi-am zis: „*Măi să fie! Uite scările acelea vechi, pe care stăteam cufundat în gânduri până târziu în noapte.*" Este greu de explicat ceea ce s-a întâmplat după aceea: mă uitam la scările acelea și, deodată, m-am văzut pe mine la 22 de ani șezând acolo – pierdusem totul, eram tulburat și în deznădejde. Apoi, cei doi Andrey s-au întâlnit: Andrey din trecut, care stătea cufundat în gânduri până noaptea, meditând la sensul vieții sale, și Andrey cel de azi, care conduce o lucrare internațională. Am simțit toate îngrijorările și întrebările fără răspuns care îl apăsau. Deodată, cei doi Andrey s-au privit în ochi. Eu cel de acum, plin de pace, m-am uitat la el, cel de atunci, atât de tulburat, iar cuvintele mi-au ieșit pe gură, fără să mă gândesc: „*Nu te teme, continuă să mergi. Poți să o faci!*”

Tată, mă rog pentru fiecare persoană care citește această carte. Mă rog ca fiecare să devină un bărbat sau o femeie a credinței și să răspândească Împărăția Ta pe pământ.

Doamne, Îți cer ca întâlnirile mele cu Tine și revelațiile Duhului Sfânt să devină și întâlnirile și revelațiile lor. Vreau ca ei să crească în cunoașterea Ta. Mă rog să poată să se înalțe precum vulturii și să atingă culmi nebănuite.

Mâna Ta să fie peste ei, să-i conducă și să le dea putere. Fă ca acest incredibil potențial pe care l-ai pus în ei să iasă la iveală și ei să-l poată împlini. Mă rog să devină un răspuns pentru generația aceasta și să aducă multe roade, prin care Tatăl Ceresc să fie proslăvit. În Numele lui Isus, amin!

Te oprește ceva? Nu te teme, doar încrede-te în Dumnezeu și mergi mai departe. Poți să o faci!

Contactează-ne

www.facebook.com/AndreyShapovalPage
www.instagram.com/ffministry
www.youtube.com/ffministry

Dacă ai o mărturie în urma lecturii acestei cărți, te rog, trimite-ne-o la adresa de email: andrey@ffministry.com

Dacă dorești să afli mai multe despre lucrarea Flame of Fire sau să devii parte a acestei viziuni, vizitează site-ul nostru: www.ffministry.com

Te invităm să participi la școala noastră anuală, Domeniul Împărăției. Detaliile despre înscriere se găsesc pe www.kingdomdomain.com

Dacă organizația ori biserica ta ar dori să-l invite pe Andrey Shapoval să vorbească la un eveniment, ia legătura cu biroul lucrării noastre. Cu mare bucurie, vom lua în considerare invitația ta!

admin@ffministry.com
+1(916) 472-0847
+1(916) 338-3390

www.ingramcontent.com/pod-product-compliance
Lightning Source LLC
La Vergne TN
LVHW010430230826
846092LV00009BA/1115

* 9 7 9 8 8 6 9 0 6 2 0 5 5 *